Süßes BROT

Kevin Buch

LAW of BAKING

INHALT

Aus Liebe zum Hefeteig

Quickbread

Für besondere Anlässe

Volles Korn voraus

Toppings und Leckeres aus Resten

SÜSSES BROT – *meine Leidenschaft*

In diesem Buch dreht sich alles um „süßes Brot“. „Süße Brote“ sind für mich nicht nur Backwaren, die wie ein Laib oder Wecken Brot aussehen und einfach süß schmecken. Süße Brote sind viel mehr. Sie können mit Hefe zubereitet werden oder ohne Hefe (Quickbreads). Sie können wie Brote aussehen oder ganz andere Formen annehmen. Sie können mit traditionellen Brotzutaten gebacken werden oder kreativ mit Gemüse, Früchten oder Schokolade. Kurz: In diesem Buch findest du eine große Vielfalt an süßen Brotrezepten.

Doch bevor du mit dem Backen loslegst, möchte ich dir gern meine Geschichte „mit der Hefe“ erzählen. Ich betreibe nun schon zwei Jahre meinen Food-Blog lawofbaking.com. Schon davor habe ich den einen oder anderen Versuch unternommen, etwas für meine Familie zu backen. Meist mit mäßigem Erfolg, obwohl immer alles ohne Murren verspeist wurde. Bis ich einmal für die bei uns in Österreich traditionelle Osterjause eine Osterpinze backen wollte. Ich dachte, dass ich nun, da ich schon so ein „versierter“ Bäckersmann war, bestimmt ganz problemlos dieses süße Osterbrot mit Hefeteig backen könne. Aber es wurde ein Problem. Ein schweres, teigiges und nicht kooperierendes Problem.

Wie sich herausstellte, hatte ich beim Hefeteig so ziemlich alles falsch gemacht. Meine Mutter fragte mich, als der Teig definitiv nicht aufgehen wollte, ob ich die Milch warm gemacht hätte, bevor ich die Hefe darin aufgelöst habe. Natürlich nicht. Stand doch nicht im Rezept…

Mittlerweile habe ich jedoch eine gewisse Übung bei der Zubereitung von Hefeteigen – und die richtigen Rezepte. Und die möchte ich in diesem Buch mit dir teilen. Die Rezepte sind nicht kompliziert und erfordern keine ungewöhnlichen oder schwer zu beschaffenden Zutaten. Und mit den Tipps und der Hilfestellung, falls doch etwas schiefgehen sollte, bist du für alle Fälle gut gerüstet. Behandle die Rezepte gut und mach was Leckeres daraus. Ich bin natürlich auf Ergebnisse und Erfahrungen gespannt. Und auch immer offen für Fragen. Viel Spaß!

Dein

ZUTATEN

Mehl, Butter, Zucker, Eier, Milch, Salz und natürlich die Hefe – das sind die Zutaten für einen guten süßen Brotteig. Was du beim Kauf, bei der Lagerung und der Verarbeitung der Zutaten wissen musst, kannst du in diesem Kapitel lesen

Mehl

Für die Rezepte in diesem Buch habe ich drei Mehlsorten verwendet. Mehr brauchst du nicht, um daraus in Kombination mit der Hefe und anderen tollen Zutaten ein leckeres süßes Brot oder Gebäck zu zaubern.

Glattes Mehl Type 405 (Österreich: Type W480)
Dinkelmehl Type 630 (Österreich: helles Dinkelmehl)
Weizenvollkornmehl Type 1600 (Österreich: Weizenvollkornmehl)

Ein Tipp zur Lagerung von Mehl: Mehl im Schrank direkt in der Tüte zu lagern, ist nicht optimal. In große Einmachgläser mit luftdichtem Verschluss umgefüllt, bleibt es länger frisch. So ist das Mehl auch vor Schädlingen wie dem Mehlwurm besser geschützt.

Butter

Für die meisten Teige in diesem Buch brauchst du Butter. Sie macht den Teig gehaltvoll und die Konsistenz weich. Verwende die Butter immer bei Zimmertemperatur, da sie sich so besser mit den restlichen Zutaten verbinden kann. Wenn die Butter kalt aus dem Kühlschrank verwendet werden muss, ist das in dem entsprechenden Rezept angeben. Da Fett ein Geschmacksträger ist, ist es wichtig, auf die Qualität der Butter zu achten. Verwende einfach die Butter, die du auch sonst auf dem Brot oder Brötchen isst.

Hefe

Das kleine Wunderbacktriebmittel ist eigentlich der Hauptakteur in diesem Buch. Für manche ist sie ein rotes Tuch, aber mit den Hefe-Tipps, die ich dir an die Hand gebe (Seite 8-9 und Seite 120-125), kann nichts mehr schiefgehen.

Zucker

Wenn es sich hier schon um ein Buch über süße Brote handelt, dann muss ich euch auch noch ein klein wenig über Zucker erzählen. Für die meisten meiner Rezepte hier verwende ich Feinkristallzucker. Dieser verbindet sich schnell mit den anderen Zutaten. Wenn du lieber braunen Zucker verwenden möchtest, tausche etwa die Hälfte des Kristallzuckers gegen braunen Zucker aus. So bekommt das Gebäck noch eine feine Karamellnote.

Als Alternative zu Zucker kannst du in den meisten Rezepten auch Honig verwenden. Achte dann jedoch darauf, dass die Flüssigkeitsmenge angepasst werden muss. Flüssigkeiten dann nur portionsweise dem Teig hinzufügen, bis die gewünschte Konsistenz erreicht ist.

Eier

Die Eier bewirken beim Brotteig etwa dasselbe wie die Butter. Sie geben dem Teig eine schöne Farbe und dienen als Geschmacksträger. Verwende am besten Eier aus Freilandhaltung oder Bio-Eier. Nicht nur aus Tierschutzgründen, sondern auch weil sie einfach besser schmecken. Gelagert werden Eier am besten im Kühlschrank. Für die Zubereitung der Teige müssen sie jedoch Zimmertemperatur haben. Tipp: Lege die Eier in eine Schüssel mit lauwarmem Wasser, so werden sie schneller warm. Für alle Rezepte habe ich Eier der Größe L verwendet.

Milch

Milch ist eine wichtige Zutat beim Backen. In den Rezepten verwende ich immer die laktosefreie Variante von Vollmilch. Alle Rezepte funktionieren aber mit Vollmilch genauso gut. Milch wird meist verwendet, um die Hefe zum Leben zu erwecken. Dafür sollte sie lauwarm sein. Ich verwende ein Zuckerthermometer, um die Temperatur der Milch zu prüfen. Wenn sie 45-47 °C hat, ist sie optimal, um der Hefe einen kleinen Kickstart zu geben.

Salz

Salz ist auch beim Backen von süßem Gebäck ein wichtiger Bestandteil. Es dient hier als Geschmacksverstärker, der z.B. ein Brioche zu einem Super-Brioche machen kann. Meist genügt eine kleine Prise, um ein optimales Ergebnis zu erzielen. Achtung: Das Salz darf nicht in Kontakt mit der Hefe kommen. Arbeite das Salz deshalb während des Knetens ein, dann kann nichts mehr passieren.

Zutaten-Glossar

Deutschland	Österreich
Hefe	Germ
Eigelb	Eidotter
Eiweiß	Eiklar
(Schlag-)Sahne	(Schlag-)Obers
Puderzucker	Staubzucker
Blaubeeren	Heidelbeeren
Aprikosen	Marillen
Konfitüre	Marmelade

WISSENSWERTES ÜBER HEFE

Hefe ist wie eine Diva – im Hinblick auf ihre Lagerung und Verarbeitung hat sie ganz besondere Ansprüche. Welche Arten von Hefe es gibt und wie du sie am besten verwendest, erfährst du hier.

Frische Hefe und Trockenhefe

Ich verwende in meinen Rezepten am liebsten die frische Hefe aus dem Kühlregal. Sie ist in kleinen Würfeln à 42 g erhältlich. Durch die Kühlung wird der Gärprozess der Hefepilze verlangsamt und die Hefe dadurch haltbar. Frische Hefe solltest du daher immer im Kühlschrank lagern. Einen angebrochenen Hefewürfel solltest du schnellstmöglich verbrauchen. Ich bevorzuge die frische Hefe wegen des Geschmacks. Die frische Hefe entwickelt während der Gare und während des Backens ein ganz eigenes, kräftiges Aroma, das bei der Trockenhefe nicht so ausgeprägt ist.

Trockenhefe aus dem Backregal ist in kleinen Tütchen zu je 7 g verpackt. Diese Hefe ist durch das Trocknen der Hefepilze länger haltbar als frische Hefe und muss daher auch nicht gekühlt werden. Vor der Verarbeitung solltest du die Trockenhefe jedoch „aufwecken". Dazu vermischst du sie mit einer lauwarmen Flüssigkeit und sie beginnt dadurch wieder zu arbeiten. Dies ist auch ein guter Test, ob die Trockenhefe noch in Ordnung ist. Wenn sich in diesem Stadium keine Bläschen bilden, versuchst du es mit einem anderen Päckchen am besten neu. Der Vorteil der Trockenhefe ist, dass du dir immer einen kleinen Vorrat halten kannst, falls dich einmal spontan die Lust zum Backen überkommt.

Hefe – die kleine Diva

Hefe muss immer richtig gelagert werden. Frische Hefe am besten im Kühlschrank, die Trockenhefe fühlt sich bei den übrigen trockenen Backzutaten wohl. In der Rührschüssel verträgt sich Hefe mit einigen Zutaten gar nicht, zum Beispiel mit Salz, denn Salz hindert sie bei ihrer Arbeit. Wenn du das Salz zu früh zum Teig dazugibst, könnte das Probleme mit dem Hefeteig geben. Deshalb knete ich das Salz immer erst zum Schluss unter den Hefeteig.

In gewisser Weise mag die Hefe auch kein Fett. Man kann sie zwar in Milch auflösen, keinesfalls aber in geschmolzener Butter. Die enthält zu viel Fett und schadet damit der Hefe. Auch Zugluft ist Gift für die Hefe. Achte bei der Arbeit am Hefeteig darauf, dass in der Küche keine direkte Zugluft herrscht.

Hefe reagiert am besten, wenn du sie mit etwas Zucker „fütterst". Deshalb gebe ich immer schon ein wenig Zucker in die Flüssigkeit, in der ich die Hefe auflöse. Außerdem mag es Hefe warm. Daher wird sie in einer lauwarmen Flüssigkeit aufgelöst. 47 °C ist die optimale Temperatur, damit die Hefe in Schwung kommt und schöne Bläschen bildet. Jedes Grad darüber tötet sie und alles, was weit darunter liegt, weckt sie nicht auf. Ich messe die Temperatur immer mit einem Zuckerthermometer.

Auch während die Hefe ihre Arbeit verrichtet und der Teig aufgeht, will sie es warm haben. Das geht am schnellsten bei leicht erhöhter Zimmertemperatur. Aber auch bei kühleren Temperaturen kann Hefe arbeiten. Wenn ich den Hefeteig am Vorabend zubereite, stelle ich ihn für mindestens sechs Stunden oder über Nacht in den Kühlschrank. Einmal im Teig verknetet, arbeitet die Hefe dann auch bei kälteren Temperaturen weiter, aber eben nur sehr langsam. Dafür wird der Teig feinporiger und bleibt länger weich.

BACKFORMEN & CO.

Ich bin ein leidenschaftlicher Sammler von Backformen. Immer wenn ich etwas Geld übrig habe, kaufe ich mir eine neue. Wer meine Küche sieht, könnte auf die Idee kommen, dass ich süchtig nach Backformen und Backhelfern bin. Welche Formen und anderen Backhelfer du für die süßen Brote brauchst, stelle ich dir hier vor.

Backformen

Für den Großteil der Rezepte in diesem Buch kommst du mit einem Backblech und einer Kastenform aus. Nur bei sehr wenigen Rezepten brauchst du zwei Backbleche. Für exotischere Brote benötigst du ggf. eine Springform, eine Stollenhaube, eine Guglhupf- oder Auflaufform, aber mehr nicht.

Die meisten Rezepte in diesem Buch, die Kastenformen benötigen, sind auf die 20 cm lange Form ausgelegt. Wenn du aber zusätzlich eine 22 cm und eine 25 cm lange Kastenform zur Verfügung hast, ist das perfekt. Kasten- und andere Backformen werden immer auf dem Rost gebacken. So ist eine optimale Luftzirkulation im Backofen gewährleistet.

Was das Material der Backformen betrifft, liegt meine Empfehlung klar bei einem emaillierten Stück. Es ist zwar etwas teurer, aber die Form ist robust, verteilt die Hitze des Ofens gleichmäßiger und sieht auch noch hübsch aus. Alle anderen hochwertigen Backformen sind aber genauso gut. Du solltest immer mit den Formen backen, mit denen du vertraut bist. So kannst du sicher sein, dass das Gebäck immer mit dem gewünschten Ergebnis herauskommt.

Für jede Backform (abgesehen vom Backblech) gilt: Gut fetten und wenn möglich noch zusätzlich mit Mehl ausstäuben. So ist gewährleistet, dass das Gebäck auch wieder gut aus der Form herauskommt.

Backofen

Jeder kennt seinen eigenen Backofen ziemlich gut, jedoch verhält sich nicht jeder Ofen gleich. Das liegt daran, dass jeder Backofen anders kalibriert ist. Und wie kann ich herausfinden, welche die optimale Ofentemperatur ist? Entweder bist du gut mit den Eigenheiten deines Ofens vertraut oder du unterziehst ihn einem Test. Lege ein Braten- bzw. Ofenthermometer beim Vorheizen in den Ofen, am besten auf den Rost in der Mitte des Ofens. Wenn der Ofen die erreichte Temperatur anzeigt, kannst du den tatsächlichen Wert am Thermometer ablesen und in der Folge die Temperatureinstellung dem Ofen anpassen. Wird der Backofen 5 °C heißer als eingestellt, heizt du einfach 5 °C weniger vor.

Ich persönlich arbeite am liebsten mit Ober- und Unterhitze, da mein Ofen mit Umluft ungleichmäßig backt. Andere Öfen sind mit Umluft besser. Deshalb habe ich in den Rezepten immer die Temperaturen für Ober- und Unterhitze und Umluft angegeben. Beides funktioniert bei den süßen Broten. Wenn du allerdings zwei Backbleche gleichzeitig backen willst, wie etwa beim Krampus (Seite 78-79), musst du zwingend mit der Umluftfunktion arbeiten, damit der Hefeteig gleichmäßig hochbackt.

Backhelfer

Sie erleichtern das Arbeiten in der Küche. Der **Teigroller** (Nudelholz) ist essenziell, um den Hefeteig auf die passende Größe auszurollen. Achte darauf, dass du ein stabiles Modell anschaffst. Ein weiteres wichtiges „Werkzeug" ist der **Backpinsel**. Fast jedes Rezept in diesem Buch bekommt als kleines Finish noch einen schönen Anstrich aus Ei und Milch. Dafür ist der Pinsel sehr hilfreich.

Ist dein Teig fertig und willst du ihn ohne Reste aus der Schüssel auf die Arbeitsfläche befördern, dann nimmst du dazu eine **Teigkarte** und schabst die Schüssel damit aus. Ein scharfes **Messer** benötigst du, um den Teig vor dem Backen einzuschneiden oder in Portionen zu teilen. Eine **Palette** ist hilfreich, wenn der Hefeteig sich nach dem Backen nicht von der Backform trennen möchte.

Natürlich kann man Hefeteig von Hand verkneten. Eine **Küchenmaschine** mit Knethaken erleichtert die Arbeit jedoch immens. Wenn ich all diese Teige für dieses Buch ohne Maschine zubereitet hätte, würde mein nächstes Buch „Muckis durch Hefeteig" heißen.

AUS *Liebe* ZUM HEFETEIG

GRUNDREZEPT
FÜR SÜSSEN HEFETEIG

Hier beginnt deine kleine Entdeckungsreise in der Welt des süßen Hefeteigs. Und damit er auch gut gelingt, habe ich ein einfaches und sicheres Grundrezept, das die Basis für einige Rezepte in diesem Buch ist. Wenn du dich bei der Zubereitung genau an die Schritte hältst, kann mit dem Hefeteig nichts schiefgehen.

Für 1000 g Teig

Milch, lauwarm	250 ml
frische Hefe	1 Würfel
(alternativ Trockenhefe	2 Pck.)
Zucker	70 g plus 1 TL
Weizenmehl	500 g
Ei	1
Eigelb	1
Butter, weich und klein gewürfelt	65 g
Salz	1 Prise

1 Die Hefe in der lauwarmen Milch auflösen und 1 TL Zucker hinzugeben.

2 Die Hefe-Milch-Mischung 5 min. stehen lassen, bis sich Bläschen bilden.

3 In der Zwischenzeit das Weizenmehl und den restlichen Zucker in einer Schüssel mischen. In der Mitte eine Vertiefung formen.

4 In die Vertiefung die Hefe-Milch-Mischung, das Ei, das Eigelb und die Butter geben.

5 Mit den Knethaken des Handrührgeräts oder der Küchenmaschine den Teig zunächst 4 min. auf niedriger, dann 4 min. auf mittlerer Stufe kneten, bis ein elastischer, weicher und nicht klebriger Teig entsteht. Während des Knetens Salz dazugeben. Du kannst den Teig natürlich auch von Hand kneten.

6 Den Teig auf einer bemehlten Arbeitsfläche noch einmal kurz von Hand durchkneten, zu einer Kugel formen und wieder in die leicht gefettete Schüssel legen.

7 Mit einem sauberen Geschirrtuch oder Frischhaltefolie abdecken und an einem warmen und zugluftfreien Ort 60 min. gehen lassen, bis sich der Teig etwa verdoppelt hat.

Tipp

Den Teig kannst du auch sechs Stunden oder über Nacht im Kühlschrank gehen lassen (siehe Seite 9).

KLASSISCHER BRIOCHE-LAIB

Ein echter Brioche-Laib ist eine Klasse für sich. Die Schwierigkeit bei der Zubereitung besteht eigentlich nur im Umgang mit dem weichen Teig. Wenn er jedoch endlich geformt und bereit für den Ofen ist, hast du nach dem Backen das beste süße Brot, das du dir denken kannst.

Für 10 Portionen (etwa 1000 g Brot)

Hefeteig:

Milch, lauwarm .... 50 ml
frische Hefe ....½ Würfel
(alternativ Trockenhefe........1 Pck.)
Vanilleschote......................1
Weizenmehl.................. 400 g
Zucker ....50 g
Eier, verquirlt......................4
Salz......................... 1 Prise
Butter, kalt und
klein gewürfelt .... 200 g

Zum Bestreichen:

Ei.................................1
Milch...........................1 EL

1 Die Hefe in der lauwarmen Milch auflösen und kurz stehen lassen, bis sich Bläschen bilden.

2 Die Vanilleschote längs aufschlitzen und das Mark herauskratzen. Mit dem Weizenmehl und dem Zucker in einer Schüssel mischen. In der Mitte eine Vertiefung formen. In die Vertiefung die Hefe-Milch-Mischung und die verquirlten Eier geben.

3 Zu einem geschmeidigen, sehr weichen Teig verkneten. Während des Knetens das Salz und nach und nach die Butterwürfel dazugeben. Immer erst das nächste Butterstück hinzufügen, wenn sich das vorige mit dem Teig verbunden hat.

4 Mit Hilfe einer Teigkarte den Teig in eine gefettete Schüssel geben. Mit Frischhaltefolie abdecken und zwei Stunden in den Kühlschrank stellen. Eine Springform (ø 20-22 cm) fetten.

5 Den Teig auf einer bemehlten Arbeitsfläche kurz durchkneten. Eine golfballgroße Menge Teig abnehmen und zu einer kleinen Kugel formen. Den restlichen Teig ebenfalls zu einer Kugel formen und in die vorbereitete Backform platzieren. Die kleine Kugel in der Mitte draufsetzen. Die Springform abdecken und den Teig erneut eine Stunde bei Zimmertemperatur gehen lassen.

6 Den Backofen auf 200 °C Ober- und Unterhitze (180 °C Umluft) vorheizen. Ei und Milch verquirlen, den Teig mit der Mischung bestreichen und anschließend 40-50 min. auf der unteren Schiene backen, ggf. Garprobe mit einem Holzstäbchen machen.

7 Den Brioche-Laib kurz in der Form stehen lassen und anschließend auf einem Kuchengitter abkühlen lassen.

Tipp

Reststücke von dem Brioche-Laib kannst du perfekt für French Toast (Seite 118-119) oder Brotpudding (Seite 116-117) verwenden.

MOHN-BRIOCHE-WECKEN

Brioche ist die Art von süßem Brot, die etwas mehr Aufmerksamkeit fordert. Aber jede Minute ist es wert. Nach der langen Gehzeit wirst du mit einem so leckeren, buttrigen und himmlischen Gebäck belohnt, dass der Mehraufwand bei der Zubereitung schnell vergessen ist. Durch den hohen Buttergehalt, bleibt dieses Brot auch lange frisch.

Für 14 Portionen (etwa 1200 g Brot)

Hefeteig:

Milch, lauwarm .... 125 ml
frische Hefe ....½ Würfel
(alternativ Trockenhefe........1 Pck.)
Weizenmehl.................. 500 g
Zucker ....100 g
Vanillezucker................. 1 Pck.
Mohn ....4 EL
Eier, verquirlt......................4
Butter, weich und klein gewürfelt 175 g
Salz............................1 TL

Zum Bestreichen:

Ei, verquirlt 1
Mohn ....1 EL

1 Die Hefe in der lauwarmen Milch auflösen und kurz stehen lassen, bis sich Bläschen bilden.

2 In der Zwischenzeit in einer großen Schüssel Weizenmehl, Zucker, Vanillezucker und Mohn mischen. In der Mitte eine Vertiefung formen. In die Vertiefung die Hefe-Milch-Mischung und die verquirlten Eier geben.

3 Den Teig kneten. Sobald sich die Zutaten verbinden, die Butterwürfel nach und nach in kleinen Portionen hinzufügen. Immer erst das nächste Butterstück hinzufügen, wenn sich das vorige mit dem Teig verbunden hat. Den Teig 6-8 min. kneten, bis er geschmeidig und nicht mehr klebrig ist. Während des Knetens das Salz dazugeben.

4 Den Teig zu einer Kugel formen und in einer gefetteten Schüssel abgedeckt zwei Stunden an einem warmen Ort gehen lassen.

5 Den Teig noch einmal durchkneten und erneut abgedeckt in der Schüssel mindestens sechs Stunden oder besser über Nacht im Kühlschrank gehen lassen.

6 Den Teig auf einer bemehlten Arbeitsfläche durchkneten, in zwei Teile schneiden und diese jeweils zu einem etwa 20 cm x 10 cm großen Rechteck ausrollen. Die Rechtecke leicht einrollen.

7 Zwei Kastenformen (20 cm) fetten und mit Weizenmehl ausstäuben. Die Teigrollen mit der Naht nach unten in die Kastenformen legen, mit einem sauberen Tuch abdecken und erneut eine Stunde gehen lassen.

8 Den Backofen auf 180 °C Ober- und Unterhitze (165 °C Umluft) vorheizen. Die in der Form aufgegangenen Brote mit dem verquirlten Ei bestreichen, mit Mohn bestreuen und mit einem scharfen Messer der Länge nach einschneiden.

9 Die Brote 40-45 min. auf mittlerer Schiene backen oder bis sie goldbraun sind. Danach 30 min. in der Form stehen lassen und anschließend auf einem Kuchengitter auskühlen lassen.

ORANGENBUCHTELN

*Buchteln sind bei mir zu Hause der absolute Klassiker.
Wenn ich zu Omas Haustüre reinkomme und es duftet nach Hefe, weiß ich,
dass sie Buchteln im Ofen hat. Mit diesen kleinen Hefeteigkugeln bin ich aufgewachsen.*

Für 8 Stück

Milch, lauwarm	100 ml
frische Hefe	½ Würfel
(alternativ Trockenhefe	1 Pck.)
Zucker	40 g plus 1 TL
Weizenmehl	250 g
Vanillezucker	1 Pck.
Bio-Orange	1
Butter, gewürfelt und weich	35 g
Ei	1
Salz	1 Prise
Orangenkonfitüre	8 TL
Butter, geschmolzen	20 g

Tipp

Du kannst die abgekühlten Buchteln in der Form mit Puderzucker bestreuen. Das sieht nicht nur schön aus, sondern macht die Hefebällchen noch verführerischer.

1 Die Hefe und 1 TL Zucker in der lauwarmen Milch auflösen und kurz stehen lassen, bis sich Bläschen bilden.

2 Die Schale der Bio-Orange abreiben. In einer Schüssel Weizenmehl, den restlichen Zucker, Vanillezucker und den Orangenabrieb mischen. In der Mitte eine Vertiefung formen. Die Hefe-Milch-Mischung, Butter und Ei in die Vertiefung geben.

3 Den Teig etwa 5 min. geschmeidig kneten. Während des Knetens Salz zugeben.

4 Den Teig zu einer Kugel formen, in die Schüssel legen, mit einem sauberen Geschirrtuch oder Frischhaltefolie abdecken und an einem warmen Ort etwa eine Stunde gehen lassen. Eine Kastenform (25 cm) gut fetten.

5 Den Teig in acht Stücke teilen. Jedes Stück zu einer kleinen Kugel formen und mit der Handfläche flachdrücken. In die Mitte jedes Kreises 1 TL Orangenkonfitüre setzen und mit Teig verschließen.

6 Die Teigkugeln mit der verschlossenen Öffnung nach unten in die vorbereitete Form setzen. Mit dem sauberen Geschirrtuch oder Frischhaltefolie abdecken und erneut 30 min. gehen lassen. Den Backofen auf 180 °C Ober- und Unterhitze (165 °C Umluft) vorheizen.

7 Die Teigkugeln mit der geschmolzenen Butter bestreichen, die restliche Butter darüber gießen. Anschließend 25 min. auf der unteren Schiene backen, bis sie eine schöne bräunliche Farbe bekommen. Die Buchteln in der Form abkühlen lassen.

CINNAMON-ROLLS
MIT FRISCHKÄSEGLASUR

Cinnamon-Rolls sind der Klassiker in US-amerikanischen Coffee Shops. Diese fluffigen Hefeschnecken, die meist mit Zimt und Zucker gefüllt und einem erfrischenden Guss aus Frischkäse und Puderzucker dekoriert sind, schmecken einfach herrlich. Und sie sind ganz leicht selbst zu backen.

Für 12 Stück

Hefeteig:
Grundrezept (siehe Seite 14-15).....1

Füllung:
Butter, weich ....60 g
Zucker ....3 EL
Zimt.............................1 TL

Frischkäseglasur:
Puderzucker, gesiebt..........125 g
Frischkäse......................2 EL

1 Den Teig wie im Grundrezept (siehe Seite 14-15) zubereiten und gehen lassen. Anschließend auf der bemehlten Arbeitsfläche zu einem 30 cm x 40 cm großen Rechteck ausrollen.

2 Für die Füllung den Zucker mit dem Zimt vermischen. Den ausgerollten Teig mit der weichen Butter bestreichen und mit der Zucker-Zimt-Mischung bestreuen. Damit die Füllung beim Rollen nicht hinausrieselt, leicht mit der Handfläche andrücken.

3 Den Teig mit der kurzen Seite einrollen, die Enden zusammendrücken und verschließen.

4 Die Rolle in zwölf Scheiben schneiden und die Scheiben mit etwas Abstand in eine gefettete Backform (ø 28 cm) legen.

5 Die Zimtrollen mit einem sauberen Tuch abdecken und 30 min. gehen lassen. Den Backofen auf 180 °C Ober- und Unterhitze (165 °C Umluft) vorheizen.

6 Die Zimtrollen 25-30 min. auf mittlerer Schiene backen, bis sie goldbraun sind. Abkühlen lassen.

7 Für die Frischkäseglasur den gesiebten Puderzucker mit dem Frischkäse verrühren, in einen Spritzbeutel (alternativ einen Gefrierbeutel mit abgeschnittener Ecke) füllen und die ausgekühlten Zimtrollen damit dekorieren.

Tipp

Setze die Cinnamon-Rolls in der Form nicht zu eng nebeneinander, damit sie beim Backen genügend Platz haben.

KÄRNTNER REINDLING

Der Kärntner Reindling ist ein Urgestein österreichischer Backtradition. Mit Zucker, Zimt und Rosinen gefüllt wird er traditionell in einem ofenfesten Topf – dem „Rein" – gebacken. Dadurch hat er seinen Namen erhalten.

Für 10 Portionen (1250 g Brot)

Hefeteig:

Grundrezept (siehe Seite 14-15)..... 1

Füllung:

Butter, geschmolzen .... 50 g
Zucker .... 100 g
Zimt............................ 3 EL
Rosinen .... 200 g

Zum Bestreichen:

Eiweiß 1
Milch........................... 1 EL

1 Den Teig wie im Grundrezept (siehe Seite 14-15) zubereiten und gehen lassen. Anschließend auf einer bemehlten Arbeitsfläche durchkneten und 5 mm dick zu einem Rechteck ausrollen.

2 Für die Füllung den Zucker mit dem Zimt vermischen. Den ausgerollten Teig mit der weichen Butter bestreichen und mit der Zucker-Zimt-Mischung bestreuen. Zum Schluss die Rosinen auf der Butter-Zucker-Zimt-Mischung verteilen und leicht festdrücken.

3 Den Teig an den beiden kurzen Seiten etwa 2 cm einschlagen und an einer langen Seite eng aufrollen. Die Teigschlange anschließend zu einer Teigschnecke einlegen.

4 Einen ofenfesten Topf (Reindling) oder eine Guglhupfform fetten und die Schnecke hineinlegen. Der Topf bzw. die Form sollte nur zu einem Drittel gefüllt sein.

5 Mit einem sauberen Tuch abdecken und an einem warmen Ort ein bis zwei Stunden gehen lassen oder bis die Teigschnecke den Rand des Topfes oder der Guglhupfform erreicht hat.

6 In der Zwischenzeit den Backofen 30 min. auf 180 °C Ober- und Unterhitze (165 °C Umluft) vorheizen.

7 Eiweiß und Milch verquirlen. Den Teig mit der Eiweiß-Milch-Mischung bestreichen und 35-40 min. auf der unteren Schiene backen oder bis der Reindling eine schöne goldbraune Farbe bekommen hat. Auskühlen lassen und danach stürzen.

Tipp

Bei einem Reindling sollte man nicht mit Rosinen geizen. Wer möchte, kann noch mehr davon in die Füllung packen.

SCHOKOLADENLAIB

Als Kind hat man uns immer gesagt, dass wir etwas „G'scheits" essen sollen, bevor wir Schokolade bekommen. Dazu zählte meist ein Stück Brot. Jetzt, wo ich mein Brot selbst backe, hatte ich die Idee, die Schokolade gleich mit dem Brot zu kombinieren. Das Ergebnis ist ein sündhaft leckeres und saftiges Schokoladenbrot. Und in meinen Augen ist es auch etwas „G'scheits".

Für 12 Portionen (1000 g Brot)

Hefeteig:

Milch, lauwarm .... 150 ml
frische Hefe ....½ Würfel
(alternativ Trockenhefe........1 Pck.)
Weizenmehl.................. 450 g
Kakaopulver....................50 g
Zucker ....80 g
brauner Zucker ....50 g
Instant-Espressopulver (optional) .. 1 TL
Ei...............................1
Eigelb...........................3
Öl........................... 80 ml
Salz......................... 1 Prise
Zartbitterschokolade, gehackt.... 180 g

Zum Bestreichen:

Eiweiß 1
Milch ....1 EL

1 Die Hefe in der lauwarmen Milch auflösen und kurz stehen lassen, bis sich kleine Bläschen bilden.

2 In einer großen Schüssel Weizenmehl, Kakaopulver, Zucker, braunen Zucker und nach Wunsch Instant-Espressopulver mischen. In die Mitte eine Vertiefung formen. In die Vertiefung die Hefemilch, Ei, Eigelb und Öl geben.

3 5-7 min. zu einem glatten Teig verkneten. Während des Knetens Salz hinzufügen. Zum Schluss die gehackte Schokolade unterkneten.

4 Den fertigen Teig auf einer leicht bemehlten Arbeitsfläche noch einmal kurz mit der Hand durchkneten, zu einer Kugel formen und in einer leicht gefetteten Schüssel zugedeckt mindestens zwei Stunden an einem warmen Ort gehen lassen, bis sich das Volumen verdoppelt hat.

5 Den Teig auf einer leicht bemehlten Arbeitsfläche erneut kurz durchkneten, halbieren und aus den Hälften jeweils einen runden Laib formen.

6 Die Laibe in Gärkörbchen oder in zwei Schalen, die mit sauberen Geschirrtüchern ausgelegt sind, zugedeckt eine Stunde gehen lassen. Nach etwa 30 min. den Backofen auf 200 °C Ober- und Unterhitze (180 °C Umluft) vorheizen und ein Backblech mit Backpapier belegen.

7 Die Laibe auf das Backblech stürzen. Eiweiß und Milch verquirlen und die Laibe damit bestreichen. Die Laibe ggf. noch dekorativ einschneiden.

8 45 min. auf mittlerer Schiene backen, dabei nach 10 min. die Ofentemperatur auf 180 °C Ober- und Unterhitze (165 °C Umluft) reduzieren. Abkühlen lassen.

Tipp

Anstatt Zartbitterschokolade kannst du auch Vollmilchschokolade oder sogar weiße Schokolade für dieses Rezept verwenden.

BIRNEN-KARAMELL-STRIEZEL

Dieser „Striezel" ist ein ziemliches Monstrum an Hefeteig. Als ich ihn daheim zum ersten Mal gebacken und aus dem Ofen geholt habe, wurde ich verwundert beäugt und gefragt, wer denn das alles essen soll. Wenige Stunden später … war von dem Striezel nichts mehr übrig.

Für 8 Portionen (1250 g Brot)

Hefeteig:

Milch	125 ml
Wasser	60 ml
Butter	50 g
frische Hefe	½ Würfel
(alternativ Trockenhefe	1 Pck.)
Weizenmehl	420 g
Zimt	1 Prise
Zucker	100 g
Ei	1
Salz	1 Prise

Füllung:

Schlagsahne	125 ml
brauner Zucker	100 g
Butter	30 g
Vanillezucker	1 Pck.
Salz	1 Prise
Birnen, geschält, entkernt und in feine Scheiben geschnitten	3-4

Zum Bestreichen:

Ei	1
Milch	1 EL

1 Für den Hefeteig Milch, Wasser und Butter in einem kleinen Topf leicht erhitzen, bis die Butter geschmolzen ist. Die Mischung sollte lauwarm sein. Ggf. etwas abkühlen lassen.

2 Unter die lauwarme Milch-Butter-Mischung die Hefe rühren und kurz stehen lassen, bis sich Bläschen bilden.

3 In der Zwischenzeit Weizenmehl, Zimt und Zucker in einer Schüssel mischen und eine Vertiefung in der Mitte formen. In die Vertiefung die Hefemilch und das Ei geben.

4 Den Teig 5-6 min. geschmeidig kneten, dabei das Salz hinzufügen. Anschließend zugedeckt in einer Schüssel 90 min. gehen lassen, bis sich der Teig verdoppelt hat.

5 In der Zwischenzeit für die Füllung Schlagsahne, braunen Zucker, Butter, Vanillezucker und Salz in einem Topf mischen und bei mittlerer Hitze aufkochen lassen. Dabei ständig umrühren. Die Hitze etwas erhöhen und weitere 5-7 min. unter Rühren kochen lassen, bis die Masse eindickt. Abkühlen lassen, bis das Karamell streichfähig wird.

6 Den Teig auf einer bemehlten Arbeitsfläche noch einmal durchkneten und zu einem 35 cm x 25 cm großen Rechteck ausrollen.

7 Das Rechteck der Länge nach dritteln, dabei die Linien mit einem Messer nur anzeichnen, nicht durchschneiden. Die Längsseiten nun mit einem Messer alle 2-3 cm bis zum mittleren Drittel einschneiden, sodass Streifen entstehen.

8 Das mittlere Drittel mit Karamell bestreichen und die Birnen auflegen. Anschließend an einer schmalen Seite beginnen und abwechselnd jeweils einen Streifen auf jeder Seite zur gegenüberliegenden Seite legen, sodass er zwischen zwei Streifen liegt. Es entsteht ein Kreuzmuster.

9 Die beiden Enden gut verschließen und den Striezel auf ein mit Backpapier belegtes Backblech legen. Abdecken und 30 min. gehen lassen. Den Backofen auf 180 °C Ober- und Unterhitze (165 °C Umluft) vorheizen.

10 Ei und Milch verquirlen. Den aufgegangenen Striezel mit der Ei-Milch-Mischung bestreichen und 30-35 min. auf mittlerer Schiene backen. Auskühlen lassen, so dass das Karamell nicht herausrinnt.

SÜSSES MANDEL-TOASTBROT

Ich liebe Toastbrot, denn es ist vielseitig einsetzbar, ob nun mit süßem Aufstrich zum Frühstück oder für den pikanten Snack zwischendurch. Dieses süße Mandel-Toastbrot ist lecker mit einem süßen Aufstrich, schmeckt aber auch einfach so.

Für 8 Portionen (900 g Brot)

Milch, lauwarm	125 ml
Wasser, lauwarm	125 ml
frische Hefe	½ Würfel
(alternativ Trockenhefe	1 Pck.)
Zucker	100 g plus 1 TL
Weizenmehl	350 g
Mandeln, gemahlen	50 g
Butter, weich und klein gewürfelt	50 g
Salz	1 Prise
Mandeln, gehackt	100 g

1 Lauwarme Milch und lauwarmes Wasser mit der frischen Hefe und 1 TL Zucker mischen und 10 min. stehen lassen, bis sich Bläschen bilden.

2 Weizenmehl, gemahlene Mandeln und den restlichen Zucker in einer großen Schüssel mischen. In die Mitte eine kleine Vertiefung formen. In die Vertiefung die Milch-Hefe-Mischung geben.

3 Die Zutaten verkneten, dabei nach und nach die Butterwürfel dazugeben. Immer erst das nächste Butterstück hinzufügen, wenn sich das vorige mit dem Teig verbunden hat. Zum Schluss noch Salz hinzufügen und den Teig ca. 8 min. kneten.

4 Den Teig auf der bemehlten Arbeitsfläche zu einer Kugel formen, in die leicht gefettete Schüssel zurücklegen, mit einem sauberen Geschirrtuch abdecken und an einem warmen Ort ca. eine Stunde gehen lassen, bis sich der Teig verdoppelt hat.

5 Eine Kastenform (25 cm) fetten und mit Weizenmehl ausstäuben. Den aufgegangenen Teig auf der bemehlten Arbeitsfläche noch einmal kurz durchkneten, in zwei gleich große Teile schneiden und diese zu glatten Kugeln formen.

6 Die Kugeln in die vorbereitete Backform setzen. Abdecken und erneut 30 min. gehen lassen. Nach 10 min. mit einem scharfen Messer der Länge nach einschneiden.

7 In der Zwischenzeit den Backofen auf 230 °C Ober- und Unterhitze (210 °C Umluft) vorheizen. 1 Tasse Wasser auf ein Backblech geben und auf der unteren Schiene mit erhitzen.

8 Das Backblech mit Wasser entfernen und den aufgegangenen Teig im unteren Drittel des Ofens backen. Nach 15 min. die Ofentemperatur auf 210 °C Ober- und Unterhitze (190 °C Umluft) reduzieren und für weitere 20-25 min. backen oder bis das Brot hohl klingt, wenn man auf die Kruste klopft.

9 Das Brot nach dem Backen sofort aus der Form stürzen und auf einem Kuchengitter auskühlen lassen.

CHOCOLATE-CHIP-ZUPFBROT

Zupfbrot ist meine Leidenschaft. Der Hefeteig wird nicht im Ganzen gebacken, sondern vorher in einzelne Scheiben geschnitten. Nach dem Backen bleibt das Brot in der Form und die Brotstückchen kann man einfach mit den Fingern abzupfen.

Für 6 Portionen

Hefeteig:

Milch........................ 150 ml
Butter..........................50 g
frische Hefe ....½ Würfel
(alternativ Trockenhefe........1 Pck.)
Weizenmehl.................. 380 g
Zucker ....50 g
Vanillezucker................ 1 Pck.
Eier 2
Salz......................... 1 Prise

Füllung:

Butter, geschmolzen ....40 g
Zucker ....180 g
Schokolade, gehackt
oder Schokoladendrops.........90 g

Tipp

Ein Zupfbrot ist ideal, wenn Gäste zu Besuch sind. Teller oder Gabeln für Torten oder Kuchen sind überflüssig. Einfach die Form mit dem Zupfbrot auf den Tisch stellen und die Gäste zupfen lassen.

1 Für den Hefeteig Milch und Butter in einem Topf leicht erhitzen, bis die Butter geschmolzen ist. Die Mischung sollte lauwarm sein, ggf. etwas abkühlen lassen. Danach die Hefe einrühren und die Mischung 10 min. stehen lassen.

2 Weizenmehl, Zucker und Vanillezucker in eine Schüssel geben und eine Vertiefung in der Mitte formen. In die Vertiefung die Milch-Hefe-Mischung und die Eier geben. Die Zutaten ca. 7 min. zu einem geschmeidigen Teig verkneten. Zum Schluss das Salz unterkneten.

3 Den Teig noch mal auf der bemehlten Arbeitsfläche durchkneten und zu einer Kugel formen. In eine leicht gefettete Schüssel legen, mit einem frischen Geschirrtuch oder Frischhaltefolie abdecken und an einem warmen Ort eine Stunde gehen lassen.

4 Eine Kastenform (20 cm) fetten. Den aufgegangenen Teig auf der bemehlten Arbeitsfläche zu einem ca. 24 cm x 42 cm großen Rechteck ausrollen. Das Teigrechteck mit der geschmolzenen Butter bestreichen. Anschließend mit Zucker bestreuen und die gehackte Schokolade (oder Schokodrops) darauf verteilen.

5 Das Teigrechteck der Länge nach in drei 8 cm breite Streifen schneiden. Die Streifen aufeinanderlegen und in sechs 7 cm lange Stücke schneiden. Damit die Schokoladenstücke nicht durch die Küche kullern, kannst du sie einfach ein wenig andrücken, bevor du den Teig in Stücke schneidest.

6 Die „Teigkarten" senkrecht in die Kastenform schichten, abdecken und 30 min. gehen lassen. Den Backofen auf 180 °C Ober- und Unterhitze (165 °C Umluft) vorheizen.

7 Das Zupfbrot 35-45 min. auf mittlerer Schiene backen oder bis es schön braun ist. Auskühlen lassen und dann abzupfen.

NUSS-NOUGAT-BABKA

Babka ist ein traditionelles jüdisches Gebäck, das gerne schon zum Frühstück gegessen wird. Damit es am Morgen ganz frisch ist, kannst du das Babka schon am Vorabend zubereiten, ohne es zu backen, und es über Nacht abgedeckt in der Kastenform in den Kühlschrank stellen. Am nächsten Morgen einfach in den Ofen schieben und genießen.

Für 8 Portionen (1000 g Brot)

Hefeteig:

Milch, lauwarm .... 125 ml
frische Hefe ....½ Würfel
(alternativ Trockenhefe ....1 Pck.)
Zucker .... 50 g plus 1 TL
Weizenmehl.................. 300 g
Vanillezucker................. 1 Pck.
Ei.................................1
Eigelb.............................1
Salz......................... 1 Prise
Butter, geschmolzen
und abgekühlt..................25 g

Füllung:

Butter..........................50 g
Nuss-Nougat................. 200 g
Haselnüsse, gehackt ....100 g

Zum Bestreichen:

Eiweiß 1
Milch...........................1 EL

1 Für den Hefeteig die Hefe zusammen mit 1 TL Zucker in der lauwarmen Milch auflösen und kurz stehen lassen, bis sich Bläschen bilden.

2 Weizenmehl, den restlichen Zucker und Vanillezucker in einer Schüssel mischen und eine Vertiefung in der Mitte formen. In die Vertiefung Ei, Eigelb und die Hefe-Milch-Mischung geben. Den Teig etwa 5-7 min. kneten, dabei Salz und die geschmolzene Butter hinzugeben.

3 Den Teig auf einer bemehlten Arbeitsfläche zu einer Kugel formen, wieder in die Schüssel legen, mit einem sauberen Geschirrtuch oder Frischhaltefolie abdecken und an einem warmen Ort eine Stunde gehen lassen.

4 Für die Füllung Butter und Nuss-Nougat in einem Topf schmelzen und wieder abkühlen lassen.

5 Eine Kastenform (25 cm) fetten. Den aufgegangenen Teig auf der bemehlten Arbeitsfläche zu einem 25 cm x 40 cm großen Rechteck ausrollen und mit der Butter-Nuss-Nougat-Mischung bestreichen. Anschließend mit den gehackten Haselnüssen bestreuen.

6 Den Teig von einer schmalen Seite her aufrollen. Die Enden verschließen. Die Teigrolle mit 2 cm Abstand zu einem kurzen Ende der Länge nach mittig durchschneiden. Die beiden Stränge miteinander verdrehen und das Babka in die vorbereitete Form legen. Abdecken und erneut 30 min. gehen lassen. Den Backofen auf 180 °C Ober- und Unterhitze (165 °C Umluft) vorheizen.

7 Eiweiß und Milch vermischen. Das aufgegangene Babka mit der Eiweiß-Milch-Mischung bestreichen und 45 min. auf der unteren Schiene backen. Auskühlen lassen.

BABA AU RHUM
MIT CRANBERRYS

Ein klassisches französisches Dessert eigentlich. Aber der süße Hefeteig, der nach dem Backen mit Rum-Sirup getränkt wird, ist so lecker, dass ich ihn in dieses Kapitel mit aufgenommen habe. Als ich zum ersten Mal Baba gegessen habe, hatte ich das Gefühl, ich beiße in ein beschwipstes Wölkchen.

Für 10 Portionen

Hefeteig:

Milch, lauwarm	130 ml
frische Hefe	½ Würfel
(alternativ Trockenhefe	1 Pck.)
Weizenmehl	250 g
Zucker	20 g
Vanilleschote	½
Eier	2
Salz	1 Prise
Butter, kalt und klein gewürfelt	75 g
Cranberrys	80 g

Rum-Sirup:

Wasser	500 ml
Zucker	230 g
Rum	25 ml
Zimtstange	1

Topping:

Schlagsahne	250 ml
Puderzucker	2 EL
Vanilleschote	½

1 Für den Hefeteig die Hefe in der lauwarmen Milch auflösen und kurz stehen lassen, bis sich kleine Bläschen bilden.

2 Die halbe Vanilleschote längs aufschlitzen und das Mark herauskratzen. Weizenmehl, Zucker und Vanillemark in einer großen Schüssel mischen und eine Vertiefung in der Mitte formen. In die Vertiefung die Hefe-Milch-Mischung und die Eier geben.

3 Den Teig etwa 20 min. auf niedrigster Stufe kneten, dabei das Salz hinzufügen. Der Teig ist sehr flüssig, das muss so sein. Gegen Ende der Knetzeit nach und nach die Butterwürfel dazugeben. Immer erst das nächste Butterstück hinzufügen, wenn sich das vorige mit dem Teig verbunden hat. Zum Schluss die Cranberrys hinzufügen.

4 Eine Guglhupfform fetten. Den Teig in einen Spritzbeutel mit großer Tülle füllen und in die Form spritzen. Abgedeckt an einem warmen Ort mindestens zwei Stunden gehen lassen. Nach 90 min. den Backofen auf 160 °C Ober- und Unterhitze (Umluft hier nicht empfohlen) vorheizen.

5 Wenn der Teig die Guglhupfform gut ausfüllt, 35 min. backen. Anschließend den Ofen ausschalten, die Form jedoch noch weitere 10 min. im Ofen lassen. Auskühlen lassen.

6 In der Zwischenzeit für den Rum-Sirup alle Zutaten in einem großen Topf verrühren und auf bei hoher Hitze etwa 10 min. köcheln lassen.

7 Den abgekühlten Baba aus der Form stürzen. Anschließend mit dem Rum-Sirup tränken. Dazu den Baba entweder in den großen Topf mit dem Sirup setzen oder ihn mehrere Male mit dem Sirup bestreichen.

8 Die andere Hälfte der Vanilleschote längs aufschlitzen und das Mark herauskratzen. Für das Topping die Schlagsahne mit dem Puderzucker und dem Vanillemark aufschlagen und in die Mitte des Baba füllen.

FRUCHTIGE FRANZBRÖTCHEN

Franzbrötchen sind eigentlich nicht in Österreich beheimatet, sondern im hohen Norden, nämlich in Hamburg. Die normalerweise mit Zucker und Zimt gefüllten Hefeteilchen backe ich gern in einer fruchtigen Abwandlung mit Erdbeeren und Zitrone. Sie stehen den süßen Nordlichtern geschmacklich in nichts nach.

Für 8-10 Stück

Hefeteig:

Grundrezept (siehe Seite 14-15)	1
Bio-Zitrone	1

Füllung:

Erdbeerkonfitüre	150 g
Zucker	50 g
Erdbeeren, klein gewürfelt	200 g

Glasur:

Zitrone	1
Puderzucker	225 g

1 Die Schale der Bio-Zitrone abreiben. Den Hefeteig wie im Grundrezept (siehe Seite 14-15) beschrieben zubereiten, dabei zusätzlich den Zitronenabrieb einkneten. Wie im Grundrezept gehen lassen.

2 Den Teig auf der bemehlten Arbeitsfläche zu einem 35 cm x 50 cm großen Rechteck ausrollen. Das Rechteck mit der Erdbeerkonfitüre bestreichen, mit dem Zucker bestreuen und die klein gewürfelten Erdbeeren darauf verteilen.

3 Das Teigrechteck zu einer 50 cm langen Teigrolle aufrollen. Nicht zu eng rollen, damit die Füllung später nicht herausquillt. Die Teigrolle in acht bis zehn Stücke schneiden.

4 Die Teiglinge mit dem langen Stiel des Kochlöffels der Länge nach tief eindrücken. Es nicht schlimm, wenn dabei ein wenig von der Füllung herausquillt.

5 Die Franzbrötchen auf zwei mit Backpapier belegte Backbleche legen und zugedeckt 15 min. gehen lassen. Den Backofen auf 180 °C Ober- und Unterhitze (165 °C Umluft) vorheizen. Wenn du beide Bleche gleichzeitig backen möchtest, den Ofen auf Umluft vorheizen und nach der halben Backzeit die Bleche tauschen.

6 Die Franzbrötchen 20-25 min. backen oder bis sie schön goldbraun sind. Abkühlen lassen.

7 Für die Glasur die Zitrone auspressen und den Puderzucker mit dem Zitronensaft verrühren. Die Glasur sollte eine zähflüssige Konsistenz haben. Die Franzbrötchen mit der Glasur dekorieren.

Tipp

Bestäube den Kochlöffel vor dem Eindrücken mit etwas Weizenmehl, dann klebt er nicht an den Teiglingen.

SWIRL-BREAD
MIT ZIMT UND ROSINEN

Zu einem perfekten Frühstück gehört für mich ein süßes, weiches Brot. Dieses Swirl-Bread ist etwas ganz Besonderes. Sein verwirbeltes Innenleben aus Zucker, Zimt und Rosinen schmeckt nicht nur verführerisch, sondern sorgt beim Anschneiden für einen Überraschungseffekt.

Für 8 Portionen (900 g Brot)

Hefeteig:

Wasser, kochend	100 ml
Rosinen	80 g
Milch, lauwarm	250 ml
frische Hefe	½ Würfel
(alternativ Trockenhefe	1 Pck.)
Weizenmehl	400 g
Zucker	100 g
Vanillezucker	1 Pck.
Butter, weich	25 g
Salz	1 Prise

Füllung:

Eigelb	1
Milch	1 EL
Zucker	50 g
Zimt	1 EL

Tipp

Wenn das Brot im Ofen zu schnell dunkel wird, kannst du es mit etwas Alufolie locker abdecken. 10 min. vor Ende der Backzeit die Alufolie entfernen. Gegen Ende der Backzeit mit einem Holzstäbchen testen, ob das Brot gar ist.

1 Für den Hefeteig die Rosinen mit dem kochenden Wasser übergießen und 10 min. ziehen lassen. In der Zwischenzeit die Hefe in der lauwarmen Milch auflösen und kurz stehen lassen, bis sich Bläschen bilden.

2 Weizenmehl, Zucker und Vanillezucker in einer Schüssel mischen und in der Mitte eine kleine Vertiefung formen. In die Vertiefung die Hefe-Milch-Mischung und die weiche Butter geben. 5-6 min. zu einem geschmeidigen Teig kneten.

3 Die Rosinen aus dem Wasser nehmen. Den Teig aus der Schüssel nehmen und auf einer leicht bemehlten Arbeitsfläche die Rosinen unterkneten.

4 Den Teig zu einer Kugel formen, zurück in die Schüssel legen, mit einem sauberen Geschirrtuch oder Frischhaltefolie abdecken und an einem warmen Ort eine Stunde gehen lassen. In der Zwischenzeit eine Kastenform (20-25 cm) fetten und mit Weizenmehl ausstäuben.

5 Den aufgegangenen Teig kurz auf einer bemehlten Arbeitsfläche durchkneten und zu einem 22 cm x 40 cm großen Rechteck ausrollen.

6 Für die Füllung Zucker und Zimt vermischen und das Eigelb mit der Milch verquirlen. Das Teigrechteck mit der Hälfte der Ei-Milch-Mischung bestreichen und mit dem Zimt-Zucker bestreuen.

7 Das Teigrechteck von einer kurzen Seite her aufrollen, sodass eine 22 cm lange Teigrolle entsteht. Diese in die vorbereitete Kastenform legen und abgedeckt 30 min. gehen lassen. Den Backofen auf 190 °C Ober- und Unterhitze (170 °C Umluft) vorheizen.

8 Das aufgegangene Swirl-Bread mit der restlichen Ei-Milch-Mischung bestreichen und 45-50 min. auf der unteren Schiene backen.

9 Nach dem Backen kurz in der Form stehen lassen und anschließend auf einem Kuchengitter auskühlen lassen.

BUTTERMILCHBRÖTCHEN
MIT PFIRSICHKONFITÜRE

Nichts geht über ein frisches, noch ofenwarmes Brötchen mit selbstgemachter Konfitüre zum Frühstück. Der Teig für diese Buttermilchbrötchen lässt sich gut am Vorabend zubereiten und geht dann über Nacht im Kühlschrank. Morgens sind die Brötchen dann schnell im Ofen gebacken. Ein Traum, nicht nur für das Sonntagsfrühstück.

Für 18 Stück

Buttermilchbrötchen:

Buttermilch, lauwarm	360 ml
Wasser, lauwarm	60 ml
frische Hefe	½ Würfel
(alternativ Trockenhefe	1 Pck.)
Zucker	50 g plus 1 TL
Weizenmehl	550 g
Natron	½ TL
Öl	120 ml
Salz	1 Prise
Ei	1
Milch	1 EL

Pfirsichkonfitüre:

Pfirsiche, frisch oder aus der Dose	500 g
Zitrone	1
Zucker	250 g
Salz	1 Prise

Tipp

Ist die Pfirsichkonfitüre genug eingedickt? Mach einfach die Gelierprobe. Dazu mit einem Löffel ein wenig Konfitüre auf einen 30 min. im Kühlschrank gekühlten Teller tröpfeln. Wird die Konfitüre schnell fest, ist sie fertig.

1 Für die Buttermilchbrötchen Buttermilch und Wasser mischen und die Hefe darin auflösen. 1 TL Zucker einrühren und kurz stehen lassen, bis sich Bläschen bilden.

2 In einer großen Schüssel Weizenmehl, Natron und den restlichen Zucker mischen. In der Mitte eine Vertiefung formen. In die Vertiefung die Hefe-Buttermilch-Mischung geben.

3 Die Zutaten verkneten, dabei nach und nach Öl und Salz zugeben und so lange weiterkneten, bis ein geschmeidiger Teig entsteht.

4 Den Teig zu einer Kugel formen, in eine leicht gefettete Schüssel legen, mit einem sauberen Geschirrtuch abdecken und an einem warmen Ort eine Stunde gehen lassen oder bis der Teig die doppelte Größe hat.

5 In der Zwischenzeit für die Pfirsichkonfitüre die Zitrone auspressen. Die Pfirsiche pürieren und zusammen mit dem Zitronensaft, Zucker und Salz in einem Topf bei mittlerer Hitze aufkochen lassen, bis die Masse leicht eindickt (siehe Tipp). Abkühlen lassen.

6 Den aufgegangenen Teig durchkneten. Anschließend in 18 gleich große Stücke teilen. Die Stücke zu Kugeln formen und die Teiglinge auf zwei mit Backpapier belegte Backbleche legen. 30 min. gehen lassen.

7 In der Zwischenzeit den Backofen auf 200 °C Ober- und Unterhitze (180 °C Umluft) vorheizen. Wenn du beide Bleche gleichzeitig backen möchtest, den Ofen auf Umluft vorheizen.

8 Das Ei mit der Milch verquirlen und die aufgegangenen Brötchen mit der Ei-Milch-Mischung bestreichen. Anschließend 15-20 min. backen oder bis sie schön braun sind. Abkühlen lassen.

Quick-BREAD

WAS IST QUICKBREAD?

Quickbread bedeutet übersetzt „schnelles Brot". Schnell deswegen, weil der Teig nicht mit Hefe zubereitet wird, sondern mit anderen Backtriebmitteln wie zum Beispiel Backpulver und Natron. Und da so die oft langwierigen Zeiten, in denen die Hefe gehen und der Teig geknetet werden muss, entfallen, geht die Herstellung des Quickbread-Teigs viel schneller.

Für 250 ml

Buttermilch:

Zitronensaft .... 2 EL
Vollmilch .... 230 ml

Den Zitronensaft in einen Messbecher geben und mit Vollmilch auf 250 ml auffüllen. Die Mischung verrühren und 10 min. stehen lassen. Fertig!

Erfunden wurde das Quickbread Ende des 18. Jahrhunderts in den USA. Die Zubereitung von Brotteig mit Hefe war damals ein aufwendiger Prozess. Viele Menschen hatten für diese Arbeit während der Bürgerkriege keine Zeit. Mit der Erfindung der chemischen Backtriebmittel wie beispielsweise Backpulver und Natron konnte man Brot nun billiger und auch schneller herstellen. Der Brotteig konnte binnen zehn Minuten zusammengerührt und im Anschluss gleich gebacken werden. Das anstrengende Kneten und die langwierigen Gehzeiten, die Hefe- oder Sauerteig brauchen, wurden dadurch eliminiert.

Im Lauf der Zeit hat sich eine große Vielfalt an „schnellen Broten" entwickelt. Die Grundzutaten waren immer dieselben: Mehl, Backtriebmittel, Eier, Fett und Flüssigkeit (meist Buttermilch oder Joghurt). Aber die Quickbread-Bäcker begannen zu experimentieren und kombinierten den Grundteig mit weiteren Zutaten. So entstanden Bananenbrot, Maisbrot, Zucchinibrot und viele andere mehr.

Mit den übrigen Rezepten in diesem Buch hat das Quickbread genau genommen also wenig zu tun. Aber ich wollte einfach zeigen, dass man auch in wenig Zeit leckere süße „Brote" herstellen kann. Quickbreads ähneln eher einem etwas trockeneren Kuchen, haben aber eine schöne Kruste wie Brot. Und spätestens mit einem leckeren süßen Aufstrich vergisst man, dass es eigentlich kein „richtiges" Brot ist.

Die Zubereitung der Quickbreads geht schnell und ist kinderleicht. Die trockenen Zutaten werden in einer großen Schüssel gemischt, die flüssigen Zutaten in einer kleineren Schüssel verrührt und anschließend zu den trockenen Zutaten hinzugefügt. Gründlich verrühren und fertig ist der Teig. Einfacher kann man Brot kaum backen.

Damit die chemische Reaktion in Gang gesetzt wird, die den Teig aufgehen lässt, braucht es eine schwache Säure. Deshalb werden zur Herstellung von Quickbread meist Buttermilch, Zitronensaft oder Joghurt verwendet. Und für alle, die nicht immer Buttermilch im Haus haben, habe ich einen Tipp, wie man Buttermilch ganz einfach selbst herstellt (siehe Rezept links).

GRUNDREZEPT
FÜR QUICKBREAD

Das Grundrezept für Quickbread ist praktisch, wenn es einmal – wie der Name schon sagt – schnell gehen muss. Das Rezept lässt sich außerdem vielseitig abwandeln. Du kannst nach Wunsch Nüsse oder Früchte unter den fertigen Teig mischen und so kreative Quickbread-Variationen zaubern.

Für 6 Portionen (750 g Brot)

Weizenmehl	330 g
Zucker	100 g
Vanillezucker	1 Pck.
Salz	1 Prise
Backpulver	1 ½ TL
Natron	½ TL
Ei	1
Buttermilch	230 ml
Öl	50 ml

1 Den Backofen auf 200 °C Ober- und Unterhitze (180 °C Umluft) vorheizen. Eine Kastenform (20 cm) fetten und mit Weizenmehl ausstäuben.

2 In einer großen Schüssel Weizenmehl, Zucker, Vanillezucker, Salz, Backpulver und Natron mischen. In einer kleinen Schüssel Ei, Buttermilch und Öl verrühren.

3 Die flüssigen Zutaten in die große Schüssel gießen und nur mit dem Teigschaber oder dem Kochlöffel verrühren, bis sich alle Zutaten verbunden haben.

4 Den fertigen Teig in die vorbereitete Form geben und glatt streichen. 45-50 min. auf der unteren Schiene backen. Nach 30 min. Backzeit regelmäßig prüfen, dass das Brot nicht zu schnell braun wird, ggf. mit etwas Alufolie abdecken. Gegen Ende der Backzeit ggf. eine Garprobe mit einem Holzstäbchen machen.

5 Nach dem Backen kurz in der Form stehen lassen und anschließend auf einem Kuchengitter auskühlen lassen.

Tipp

Quickbread-Variationen mit dem Grundrezept findest du auf Seite 50 und 54.

QUICKBREAD „VERY BERRY“

Ich freue mich jedes Jahr auf den Sommer, denn da ist unser Garten voll mit leckeren Beeren. Wenn die Sträucher dick behangen sind mit Himbeeren, Brombeeren und Co. hat sich das Warten über den langen, kalten Winter gelohnt. Dem Quickbread verleihen die Früchtchen eine herrliche sommerliche Frische.

Für 6 Portionen (920 g Brot)

Grundrezept (siehe Seite 48-49)	1
Kardamom	1 Prise
Bio-Zitrone	1
Brombeeren	50 g
Blaubeeren	70 g
Himbeeren	50 g

1 Die Schale der Zitrone abreiben. Das Grundrezept wie auf Seite 48 bis 49 in Schritt 1-3 zubereiten, dabei zum Weizenmehl noch Kardamom und den Zitronenabrieb hinzufügen.

2 Die Hälfte des Teigs in die vorbereitete Form füllen. Auf dem Teig etwa die Hälfte der Beeren gleichmäßig verteilen und leicht andrücken.

3 Den restlichen Teig einfüllen, glattstreichen und mit den restlichen Beeren belegen. Dabei darauf achten, dass die Beeren durchgemischt sind.

4 Das Quickbread 50-55 min. backen. Nach 30 min. Backzeit regelmäßig prüfen, dass das Brot nicht zu schnell braun wird, ggf. mit etwas Alufolie abdecken. Die letzten 5 min. ohne Alufolie backen. Gegen Ende der Backzeit ggf. eine Garprobe mit einem Holzstäbchen machen. Auskühlen lassen.

Tipp

Anstatt der frischen Beeren kannst du genauso gut Tiefkühlbeeren verwenden. Lass sie jedoch nicht auftauen, sondern gib sie tiefgekühlt in die Form.

BANANENBROT

Durch die reifen Bananen wird dieses Bananenbrot schön saftig. Es schmeckt pur schon lecker, wird aber mit einem süßen Aufstrich einfach unwiderstehlich. Das Rezept ist ideal, um überreife Bananen zu verarbeiten, die schon etwas zu braun zum Essen sind.

Für 8 Portionen (750 g Brot)

Bananen, reif	2
Butter, geschmolzen und etwas abkühlt	70 g
Zucker	150 g
Vanillezucker	1 Pck.
Ei	1
Natron	1 TL
Weizenmehl	290 g
Salz	1 Prise

1 Den Backofen auf 200 °C Ober- und Unterhitze (180 °C Umluft) vorheizen. Eine Kastenform (20 cm) fetten und mit Weizenmehl ausstäuben.

2 Die Bananen in einer großen Schüssel mit einer Gabel zerdrücken. Die geschmolzene, aber nicht mehr heiße Butter dazugeben und mit den Bananen verrühren.

3 Den Zucker und den Vanillezucker unter Rühren einrieseln lassen. Wenn sich alles verbunden hat, Ei und Natron hinzufügen.

4 Das Weizenmehl und das Salz in eine kleinere Schüssel sieben, gut miteinander vermischen und zu den restlichen Zutaten geben. Die Masse so lange verrühren, bis kein Weizenmehl mehr zu sehen ist.

5 In die vorbereitete Form füllen, glattstreichen und 45-55 min. auf mittlerer Schiene backen.

6 Sollte das Bananenbrot nach 30 min. Backzeit schon zu braun sein, ggf. mit etwas Alufolie abdecken. Gegen Ende der Backzeit eine Garprobe mit einem Holzstäbchen machen.

7 Nach dem Backen kurz in der Form stehen lassen und danach auf einem Kuchengitter auskühlen lassen.

Tipp

Die überreifen Bananen lassen sich geschält auch prima einfrieren und dann für die Zubereitung des Bananenbrots auftauen.

COFFEE-CAKE-QUICKBREAD

Als Coffee Cake bezeichnen die Amerikaner jegliches Gebäck, das mit Streuseln und Zimt zubereitet ist. Mit diesem süß-knusprigen Topping lässt sich auch das Quickbread-Grundrezept wunderbar abwandeln. Und eine Tasse Kaffee schmeckt dazu allemal.

Für 8 Portionen (900 g Brot)

Grundrezept (siehe Seite 48-49)	1
Weizenmehl	45 g
brauner Zucker	25 g
Zucker	25 g
Zimt	1 Prise
Salz	1 Prise
Butter, klein gewürfelt und kalt	50 g

1 Für die Streusel Weizenmehl, braunen Zucker, Zucker, Zimt und Salz in einer Schüssel mischen. Die klein gewürfelte Butter dazugeben und mit den Fingerspitzen zu Streuseln verarbeiten. Kaltstellen.

2 Den Backofen auf 200 °C Ober- und Unterhitze (180 °C Umluft) vorheizen. Eine Kastenform (20 cm) fetten und mit Weizenmehl ausstäuben.

3 Das Quickbread wie auf Seite 48-49 in Schritt 2-3 zubereiten. Etwa die Hälfte des Teigs in die vorbereitete Form füllen und mit der Hälfte der Streusel bedecken. Dann die andere Hälfte einfüllen und die restlichen Streuseln daraufgeben.

4 Das Quickbread im vorgeheizten Ofen 45 min. auf der unteren Schiene backen. Nach 30 min. Backzeit das Quickbread mit Alufolie abdecken. Gegen Ende der Backzeit ggf. eine Garprobe mit einem Holzstäbchen machen.

5 Das Quickbread in der Form auskühlen lassen.

ZUCCHINIBROT

Jedes Jahr im Sommer überwuchern die Zucchini regelrecht unseren Gemüsegarten. Da liegt es nahe, die grünen Kürbisgewächse auch mal für ein Brotrezept zu verwenden. Wie wäre es mit dieser zimtig-süßen Variante mit Walnüssen? Guten Appetit!

Für 6 Portionen (760 g Brot)

Weizenmehl	200 g
Natron	1 TL
Salz	1 Prise
Zimt	1 TL
Ei	1
Eigelb	1
Zucker	200 g
Vanillezucker	1 Pck.
Öl	90 ml
Zucchini, geraspelt	150 g
Walnüsse, gehackt	60 g

1 Den Backofen auf 180 °C Ober- und Unterhitze (165 °C Umluft) vorheizen. Eine Kastenform (20 cm) fetten und mit Weizenmehl ausstäuben.

2 In einer großen Schüssel Weizenmehl, Natron, Salz und Zimt gut vermischen. In einer weiteren Schüssel Ei, Eigelb, Zucker, Vanillezucker und Öl verrühren, bis sich der Zucker aufgelöst hat und die Mischung schaumig wird. Die geraspelte Zucchini zur Eimischung geben.

3 Die Ei-Zucchini-Mischung zur Weizenmehl-Mischung geben und gut verrühren. Zum Schluss die gehackten Walnüsse unterheben.

4 Den Teig in die vorbereitete Form füllen, glattstreichen und eine Stunde auf mittlerer Schiene backen, ggf. Garprobe mit einem Holzstäbchen machen. Das Zucchinibrot nach dem Backen auskühlen lassen.

IRISH SODA-BREAD

In Irland gibt es die alte Tradition, in Brotteiglinge vor dem Backen ein Kreuz zu schneiden. Durch das Einschneiden des Kreuzes wird – dem Glauben nach – das Brot gesegnet, sodass der Teufel beim Backen entweichen kann. Das Einschneiden hat aber auch einen kulinarischen Zweck: Es führt nämlich dazu, dass die Oberfläche im Ofen schön krustig wird.

Für 8 Portionen (1000 g Brot)

Weizenmehl (etwas mehr zum Arbeiten)	500 g
Natron	1 TL
Zucker	100 g
Salz	1 Prise
Butter, kalt und klein gewürfelt	50 g
Rosinen	120 g
Ei	1
Buttermilch	400 ml

1 Den Backofen auf 210 °C Ober- und Unterhitze (190 °C Umluft) vorheizen und ein Backblech mit Backpapier belegen.

2 Weizenmehl, Natron, Zucker und Salz in eine Schüssel sieben und vermischen. Die kalten Butterwürfel zur Weizenmehlmischung geben und mit den Fingern gut einarbeiten. Anschließend die Rosinen unterheben.

3 Das Ei zusammen mit der Buttermilch in einem Messbecher oder einer Schüssel verrühren und zur Weizenmehlmischung geben. Ein klein wenig der Ei-Buttermilch-Mischung zurückhalten für später.

4 Mit den Händen den Teig gut vermischen, bis dieser sich vom Schüsselrand löst. Sollte der Teig zu klebrig sein, einfach noch etwas Weizenmehl dazu geben. Der fertige Teig sollte jedoch ein wenig klebrig sein.

5 Den Teig auf einer bemehlten Arbeitsfläche schnell zu einer Kugel formen und auf das vorbereitete Backblech legen.

6 Mit einem scharfen Messer ein Kreuz in das Brot schneiden und mit der restlichen Ei-Buttermilch-Mischung bestreichen.

7 Das Brot 35-45 min. auf mittlerer Schiene backen oder bis es goldbraun ist. Das Brot ist gar, wenn du auf die Unterseite klopfst und es hohl klingt.

BLAUBEER-QUICKBREAD

Die Haferflocken und Blaubeeren sind nicht nur geschmacklich eine perfekte Kombination, sondern machen dieses Quickbread auch noch zu einem gesunden Frühstücksgenuss. Und die Zubereitung geht so schnell, dass man das Blaubeer-Quickbread auch hervorragend morgens frisch backen kann.

Für 8 Portionen (1030 g Brot)

Weizenmehl	300 g
Haferflocken	50 g
Natron	1 TL
Salz	1 Prise
Zimt	1 Prise
Zucker	150 g
brauner Zucker	50 g
Ei	1
griechischer Sahnejoghurt	250 g
Öl	90 ml
Blaubeeren	100 g

1. Den Backofen auf 210 °C Ober- und Unterhitze (190 °C Umluft) vorheizen. Eine Kastenform (20 cm) gut fetten.
2. In einer großen Schüssel Weizenmehl, Haferflocken, Natron, Salz, Zimt, Zucker und braunen Zucker mischen.
3. In einer weiteren Schüssel das Ei mit dem griechischen Sahnejoghurt und dem Öl verrühren. Anschließend die flüssigen Zutaten zu den trockenen Zutaten geben und mit Hilfe eines Teigschabers vermengen. Zuletzt vorsichtig die Blaubeeren unterheben.
4. Den Teig in die vorbereitete Form füllen, glattstreichen und auf mittlerer Schiene backen Nach etwa 10 min. die Ofentemperatur auf 180 °C Ober- und Unterhitze (165 °C Umluft) reduzieren und das Quickbread weitere 45-50 min. fertigbacken, gegen Ende der Backzeit ggf. Garprobe mit einem Holzstäbchen machen.
5. Das Quickbread in der Form auskühlen lassen, dann stürzen.

Tipp

Sollte sich das Brot nicht aus der Form lösen lassen, kannst du die Seiten mit einer kleinen Winkelpalette oder einem feinen Streichmesser von der Backform lösen.

KOKOS-LIMETTEN-QUICKBREAD

Dieses Quickbread verströmt ein klein wenig karibisches Flair. Kokosmilch und Limettensaft zaubern mit jedem Bissen Sommer-, Sonne-, Strand- und Urlaubsstimmung.

Für 8 Portionen (1060 g Brot)

Weizenmehl	320 g
Kokosraspel	110 g
Zucker	200 g
Backpulver	1 TL
Natron	½ TL
Salz	1 Prise
Kokosmilch	200 ml
3 Bio-Limetten	3
Ei	1
Öl	80 ml

1 Den Backofen auf 200 °C Ober- und Unterhitze (180 °C Umluft) vorheizen. Eine Kastenform (20 cm) gut fetten und mit Weizenmehl ausstäuben. Die Schale der Bio-Limetten abreiben. Die Limetten anschließend auspressen.

2 In einer großen Schüssel Weizenmehl, Kokosraspel, Zucker, Backpulver, Natron und Salz sieben und gut miteinander mischen.

3 In einer weiteren Schüssel Kokosmilch, Limettensaft, Limettenabrieb, Ei und Öl miteinander verrühren, bis sich die Zutaten verbunden haben.

4 Die flüssigen Zutaten zur Weizenmehlmischung geben und mit einem Teigschaber solange miteinander verrühren, bis sich alle Zutaten verbunden haben und kein Weizenmehl mehr zu sehen ist.

5 Den Teig in die vorbereitete Form füllen, glattstreichen und im Ofen etwa eine Stunde auf der unteren Schiene backen. Ab 30 min. Backzeit prüfen, dass das Quickbread nicht zu schnell dunkel wird, ggf. mit etwas Alufolie abdecken. Gegen Ende der Backzeit mit einem Holzstäbchen eine Garprobe machen.

6 Das Quickbread nach dem Backen auskühlen lassen und danach aus der Form stürzen.

Tipp

Anstatt Kokosmilch kannst du auch Vollmilch verwenden. Die Kokosraspel allein geben dem Quickbread schon ein ausgeprägtes Kokosaroma.

FÜR *besondere* ANLÄSSE

WARUM HEFETEIG VERSCHENKEN?

Im Hefeteig stecken viel Zeit und Liebe drin. Denn er ist nicht nur selbstgemacht, sondern benötigt viel Zeit und Zuwendung beim Kneten und Aufgehen. Darüber hinaus spielt Hefegebäck traditionell auch eine große Rolle bei allen Festlichkeiten des Jahres.

An Allerheiligen gedenkt man in Österreich nicht nur der verstorbenen Vorfahren, sondern jeder Taufpate überbringt seinem Patenkind auch einen (selbstgebackenen) Allerheiligen-Striezel. Auch an Ostern wird Hefegebäck verschenkt. Die Osterpinze als Traditionsbrot bei der Osterjause kann auch als kleines Mitbringsel dienen, wenn man eingeladen ist.

Aber nicht nur die süßen Brote in diesem Kapitel sind perfekte Geschenke. Auch etwa der Kärntner Reindling (Seite 24) wurde in Österreich traditionell verschenkt. So war es schon früher ein Brauch, dass die angehende Patentante („Godl") zur Feier der Geburt der Familie ihres zukünftigen Patenkinds einen aufwendig gebackenen Reindling übergibt.

Ich persönlich liebe es, Hefegebäck zu verschenken. Denn es macht mir Freude, wenn ich backen kann, und der Beschenkte freut sich auch darüber. Und wenn du nun auch Lust bekommen hast, Selbstgebackenes zu verschenken, bist du mit diesen Rezepten für jeden Anlass gewappnet.

Geschenkanlässe für Hefegebäck

Heilige Drei Könige (6. Januar) .... Dreikönigskuchen

Karfreitag .... Hot Cross Buns

Ostersonntag .... Osterpinze

Allerheiligen (1. November) .... Allerheiligen-Striezel

Krampustag (5. Dezember) .... Krampus

Adventszeit... Früchtebrot

Heiligabend (24. Dezember)....... Christstollen mit Haselnüssen

Christtag (25. Dezember)................. Panettone al cioccolato

DREIKÖNIGSKUCHEN

Traditionell wird in dem Dreikönigskuchen eine kleine Königsfigur mitgebacken. Wer die Figur beim Essen findet, ist für einen Tag der König. In diesen Dreikönigskuchen wird statt dem König eine Mandel eingebacken. Wer startet als König in das neue Jahr?

Für 9-10 Portionen

Hefeteig:

Milch, lauwarm	250 ml
frische Hefe	½ Würfel
(alternativ Trockenhefe	1 Pck.)
Weizenmehl	500 g
Zucker	100 g
Butter, geschmolzen	50 g
Ei	1
Salz	1 Prise
Rosinen	50 g
Mandelkern	1

Zum Bestreichen:

Ei	1
Milch	1 EL

Zum Bestreuen:

Mandelplättchen	1 EL
Hagelzucker	1 EL

1 Die Hefe in der lauwarmen Milch auflösen und kurz stehen lassen, bis sich Bläschen bilden.

2 In der Zwischenzeit in einer Schüssel Weizenmehl und Zucker mischen und eine Vertiefung in der Mitte formen. In die Vertiefung die Hefemilch, die geschmolzene Butter und das Ei geben.

3 Den Teig 5-7 min. geschmeidig kneten, dabei das Salz zugeben. Zum Schluss die Rosinen unterkneten.

4 Den Teig in eine leicht gefettete Schüssel legen, abdecken und an einem warmen Ort mindestens eine Stunde gehen lassen oder bis sich der Teig verdoppelt hat.

5 Den aufgegangenen Teig auf der bemehlten Arbeitsfläche noch einmal durchkneten und acht Teigkugeln à 90 g Formen. In einer Kugel den Mandelkern verstecken. Den übrigen Teig ebenfalls zu einer Kugel formen.

6 Die große Teigkugel auf ein mit Backpapier belegtes Backblech legen und die kleineren Kugeln rundherum platzieren. Abdecken und erneut an einem warmen Ort 30 min. gehen lassen. In der Zwischenzeit den Backofen auf 190 °C Ober- und Unterhitze (170 °C Umluft) vorheizen.

7 Ei und Milch verquirlen und den aufgegangenen Dreikönigskuchen mit der Ei-Milch-Mischung bestreichen. Anschließend mit den Mandelplättchen und dem Hagelzucker bestreuen. 25-30 min. auf mittlerer Schiene backen oder bis der Dreikönigskuchen goldbraun ist.

OSTERPINZE

Eine Osterpinze hat in Österreich Tradition. Nach der Fastenzeit ist so ein süßes Brot mit viel Butter und Eiern darin genau das Richtige. Wer möchte, gibt dem Osterbrot mit den Rosinen mit „Schuss“ noch eine besonders aromatische Note.

Für 12 Portionen (1000 g Brot)

Hefeteig:

Milch, lauwarm	125 ml
Anis, gemahlen (optional)	1 Prise
frische Hefe	½ Würfel
(alternativ Trockenhefe	1 Pck.)
Weizenmehl	500 g
Zucker	100 g
Eigelb	4
Butter, geschmolzen	100 g
Salz	1 Prise
Rosinen, in Rum eingeweicht (optional)	100 g

Zum Bestreichen:

Ei	1
Milch	1 EL

1 Die Hefe zusammen mit dem gemahlenen Anis (optional) in der lauwarmen Milch auflösen und kurz stehen lassen, bis sich Bläschen bilden.

2 Weizenmehl und Zucker in einer Schüssel mischen und in der Mitte eine Vertiefung formen. In die Vertiefung die Hefemilch, Eigelbe und die geschmolzene, aber nicht mehr heiße Butter geben.

3 Den Teig 5-7 min. geschmeidig kneten, dabei das Salz hinzufügen. Nach Wunsch zum Schluss in Rum eingeweichte Rosinen unterkneten.

4 Den Teig auf einer bemehlten Arbeitsfläche noch einmal kurz durchkneten, zu einer Kugel formen, wieder in die Schüssel legen und 60 min. an einem warmen Ort gehen lassen. Wenn der Teig auf die doppelte Größe aufgegangen ist, wieder mit den Händen zusammenkneten und erneut 60 min. aufgehen lassen.

5 Den Teig zu einem großen Laib oder zwei kleineren Laiben formen. Die Laibe auf ein mit Backpapier belegtes Backblech legen, mit einem sauberen Geschirrtuch abdecken und erneut 30 min. gehen lassen. In der Zwischenzeit den Ofen auf 200 °C Ober- und Unterhitze (180 °C Umluft) vorheizen.

6 Ei und Milch verquirlen. Die Pinze mit der Ei-Milch-Mischung bestreichen und mit einer Schere dreimal einschneiden.

7 Die Osterpinze in den Ofen auf die mittlere Schiene schieben. Die Temperatur sofort auf 180 °C Ober- und Unterhitze (165 °C Umluft) reduzieren und 25-35 min. backen.

HOT CROSS BUNS

Hot Cross Buns sind ein traditionelles Karfreitagsgebäck in Großbritannien. Die runden Hefebrötchen mit dem symbolischen Kreuz läuten das Ende der Fastenzeit ein. Am besten schmecken sie frisch aus dem Ofen, wenn sie noch warm und weich sind.

Für 12 Portionen

Einlage:
Rosinen ....60 g
Wasser, kochend............. 250 ml

Hefeteig:
Milch, lauwarm .... 180 ml
frische Hefe ....½ Würfel
(alternativ Trockenhefe ....1 Pck.)
Zucker .... 100 g plus 1 TL
Weizenmehl.................. 430 g
Zimt......................... 1 Prise
Butter, geschmolzen
und abgekühlt.................50 g
Eier.............................2
Salz......................... 1 Prise

Zum Bestreichen:
Ei................................1
Milch ....1 EL

Mehlkreuz:
Weizenmehl....................75 g
Wasser, lauwarm .... 75 ml

1 Für die Einlage die Rosinen in einer Schüssel mit dem kochenden Wasser übergießen und 30 min. ziehen lassen. Danach abseihen.

2 Für den Hefeteig Milch, Hefe und 1 TL Zucker verrühren und kurz stehen lassen, bis sich Bläschen bilden.

3 In der Zwischenzeit Weizenmehl, den restlichen Zucker und Zimt in einer großen Schüssel mischen und eine Vertiefung in der Mitte formen. In diese Vertiefung die Hefemilch, die geschmolzene Butter und die Eier geben.

4 Die Zutaten 5-7 min. zu einem geschmeidigen Teig kneten, dabei das Salz hinzufügen. Zum Schluss die Rosinen unterkneten.

5 Den Teig zu einer Kugel formen und in einer leicht eingefetteten Schüssel mit einem sauberen Geschirrtuch oder Frischhaltefolie abgedeckt eine Stunde an einem warmen Ort gehen lassen oder bis sich der Teig verdoppelt hat.

6 Den aufgegangenen Teig auf einer leicht bemehlten Arbeitsfläche kurz durchkneten, in zwölf Stücke teilen und diese zu kleinen Kugeln formen.

7 Die Teigkugeln auf ein mit Backpapier belegtes Blech legen und zugedeckt an einem warmen Ort 30 min. gehen lassen. In der Zwischenzeit den Backofen auf 190 °C Ober- und Unterhitze (170 °C Umluft) vorheizen.

8 Für das Mehlkreuz Weizenmehl und Wasser mischen und in einen Spritzbeutel füllen.

9 Ei und Milch verquirlen. Die aufgegangenen Buns mit der Ei-Milch-Mischung bestreichen und anschließend ein Kreuz mit der Weizenmehlmischung aufspritzen. Die Buns 25-35 min. auf mittlerer Schiene backen oder bis sie goldbraun sind.

ALLERHEILIGEN-STRIEZEL

In Österreich gibt es die Tradition, dass die Taufpaten ihren Patenkindern zu Allerheiligen einen selbstgebackenen Striezel schenken. Dieser Allerheiligen-Striezel ist aufwendig geflochten und mit den Rosinen und dem Hagelzucker eine süße Versuchung.

Für 12 Portionen (1000 g Brot)

Hefeteig:

Rosinen	50 g
Rum (oder kochendes Wasser)	3 EL
Milch, lauwarm	250 ml
frische Hefe	½ Würfel
(alternativ Trockenhefe	1 Pck.)
Ei	1
Öl	50 ml
Bio-Zitrone	1
Weizenmehl	500 g
Zucker	100 g
Vanillezucker	1 Pck.
Salz	1 Prise

Zum Bestreichen:

Eigelb	1
Milch	1 EL

Zum Bestreuen:

Hagelzucker	3 EL

1 Die Rosinen zwei Stunden in Rum (oder Wasser) einweichen.

2 Die Hefe in der lauwarmen Milch auflösen und stehen lassen, bis sich Bläschen bilden. Dann sofort Ei und Öl hinzufügen und verrühren.

3 Die Schale der Zitrone abreiben. Weizenmehl, Zucker, Vanillezucker und den Zitronenabrieb in einer großen Schüssel mischen und eine Vertiefung in der Mitte formen.

4 Die Ei-Milch-Mischung in diese Vertiefung gießen und den Teig 5-7 min. geschmeidig kneten, dabei das Salz hinzufügen. Die Rosinen abseihen und zum Schluss unterkneten.

5 Den Teig zu einer Kugel formen und in eine leicht gefettete Schüssel legen, mit einem sauberen Geschirrtuch abdecken und an einem warmen Ort eine Stunde gehen lassen. Den aufgegangenen Teig erneut kneten und noch einmal eine Stunde gehen lassen.

6 Den Teig auf einer bemehlten Arbeitsfläche durchkneten und in sechs gleich große Portionen teilen. Die Teigportionen zu etwa 50 cm langen Strängen formen. Dabei darauf achten, dass die Stränge gleich lang sind, an den Enden etwas dünner und in der Mitte bauchig.

7 Die Teigstränge an einem Ende miteinander verbinden und anschließend mit etwas Abstand nebeneinander legen, dabei zwischen dem dritten und vierten Strang etwas mehr Abstand lassen.

8 Nun die Stränge flechten. Dazu den dritten Strang mit der linken Hand hochnehmen, den sechsten Strang mit der rechten Hand auf die Stelle legen, wo der dritte war, den dritten Strang weiter oben halten.

9 Mit der rechten Hand nun den äußersten linken Strang nehmen, unter dem hochgehaltenen durchführen und den hochgehaltenen Strang (linke Hand) in der Mitte neben den beiden rechten Strängen ablegen.

... weiter geht's auf der nächsten Seite.

ALLERHEILIGEN-STRIEZEL

Fortsetzung

10 Als Nächstes den äußersten rechten Strang mit der linken Hand nehmen, unter dem hochgehaltenen (rechte Hand) durchführen und den mit der rechten Hand hochgehaltenen in der Mitte neben den beiden linken Strängen ablegen.

11 Nun wieder mit der rechten Hand den äußersten linken Strang nehmen und auf diese Weise wie bei Schritt 9 und 10 beschrieben bis zum Ende der Stränge weiterflechten.

12 Die Enden zusammendrücken und den Striezel auf ein mit Backpapier belegtes Backblech legen, mit einem sauberen Tuch abdecken und 30 min. gehen lassen. In der Zwischenzeit den Backofen auf 170 °C Ober- und Unterhitze (155 °C Umluft) vorheizen.

13 Ei und Milch verquirlen. Den aufgegangenen Striezel mit der Ei-Milch-Mischung bestreichen und mit Hagelzucker bestreuen. 35-40 min. backen oder bis er goldbraun ist. Auskühlen lassen.

Tipp

Wer wenig Flecht-erfahrung hat, kann den Teig auch erst einmal mit drei oder vier Strängen anstatt mit sechs flechten.

KRAMPUS

Krampus ist der grimmige Begleiter des Heiligen Nikolaus. Er gibt den Kindern, die nicht artig waren, die Rute. Unser Hefekrampus ist ein frecher Gesell, der jedem, der ihn vernaschen will, die rote Marzipanzunge herausstreckt. Ein witziges Mitbringsel zum Nikolaustag für große und kleine Kinder.

Für 7 Stück

Grundrezept Hefeteig (siehe Seite 14-15)	1
Ei, verquirlt	1
Mohn	2 EL
Hagelzucker	3 EL
Rosinen	14
Marzipan oder Fondant in Rot	50 g

1 Den Hefeteig wie im Grundrezept (siehe Seite 14-15) zubereiten und gehen lassen. In der Zwischenzeit zwei Backbleche mit Backpapier belegen.

2 Den aufgegangenen Teig auf einer bemehlten Arbeitsfläche kneten und dann in 14 Portionen à 50 g und sieben Portionen à 30 g teilen.

3 Für den Körper zwei Portionen à 50 g zu je 10 cm langen Strängen formen, diese in der Mitte überkreuzen und die untere Hälfte verdrehen, die obere Hälfte als Arme waagerecht ausbreiten. Den Körper auf ein Backblech legen.

4 Für den Kopf eine Portion à 30 g zu einer Kugel formen. Mit einem Messer oben am Kopf bis zu Hälfte einschneiden. Danach den Kopf auf den Körper setzen.

5 Die übrigen Krampusfiguren genauso formen. Auf die Backbleche legen, mit einem sauberen Tuch abdecken und eine Stunde gehen lassen.

6 In der Zwischenzeit den Backofen auf 180 °C Ober- und Unterhitze (165 °C Umluft) vorheizen. Sollen beide Backbleche gleichzeitig gebacken werden, Umluft vorheizen.

7 Die aufgegangenen Krampusfiguren mit dem verquirlten Ei bestreichen und mit Mohn und Hagelzucker bestreuen. Die Rosinen als Augen platzieren. 20 min. backen oder bis sie goldbraun sind. Abkühlen lassen.

8 Aus dem Marzipan oder Fondant längliche Dreiecke für die Zunge formen und auf den ausgekühlten Krampusfiguren als Zunge leicht andrücken.

FRÜCHTEBROT

Weihnachten ohne Früchtebrot ist kein Weihnachten. Ob selbst gebacken oder von der freundlichen Nachbarin geschenkt – der saftige Teig mit den Rumfrüchten, den Nüssen und dem Lebkuchengewürz machen die vorweihnachtliche Stimmung perfekt.

Für 10 Portionen (1030 g Brot)

Einlage:

Aprikosen, getrocknet	100 g
Birnen, getrocknet (Kletzen)	100 g
Datteln, getrocknet	150 g
Feigen, getrocknet	150 g
Rum	100 ml

Brotteig:

Eier	3
Zucker	100 g
Rohrohrzucker	50 g
Weizenmehl	125 g
Salz	1 Prise
Backpulver	1 TL
Lebkuchengewürz	1 EL
Mandeln, gehackt	50 g
Haselnüsse, gehackt	50 g
Walnüsse, gehackt	50 g
Puderzucker zum Bestreuen	2 EL

1 Für die Einlage die Trockenfrüchte kleinschneiden und am Vorabend mindestens sechs Stunden oder über Nacht in Rum einweichen.

2 Den Backofen auf 190 °C Ober- und Unterhitze (170 °C Umluft) vorheizen. Eine Kastenform (25 cm) einfetten und mit Mehl ausstäuben.

3 Für den Brottteig die Eier gemeinsam mit dem Zucker und dem Rohrohrzucker in einer großen Schüssel schaumig rühren.

4 Weizenmehl, Salz, Backpulver und Lebkuchengewürz in einer weiteren Schüssel mischen und zur Zucker-Ei-Mischung hinzufügen.

5 Die Weizenmehlmischung gemeinsam mit den Mandeln, Haselnüssen, Walnüssen und den eingeweichten Trockenfrüchten mit dem Rum unterheben, bis kein Weizenmehl mehr zu sehen ist.

6 Den Teig in die vorbereitete Form geben und eine Stunde auf mittlerer Schiene backen, ggf. gegen Ende der Backzeit eine Garprobe mit einem Holzstäbchen machen. Auskühlen lassen und zum Schluss mit Puderzucker bestreuen.

Tipp

Anstatt Rum kannst du auch Orangen-, Bratapfel- oder Himbeerlikör für die Einlage verwenden.

CHRISTSTOLLEN
MIT HASELNÜSSEN

Wer den Christstollen in der Adventszeit genießen möchte, muss ein wenig planen. Denn das traditionelle Vorweihnachtsgebäck muss in seinem Bett aus Butter und Puderzucker etwa zwei Wochen ruhen und gut durchziehen. Bei diesem Stollen mit seinem köstlichen Orangenlikörarome lohnt sich das Warten jedoch.

Für 12 Portionen (1400 g Brot)

Einlage:
Rosinen .... 120 g
Haselnüsse, geröstet und geschält .... 200 g
Orangenlikör .... 70 ml

Stollenteig:
Milch, lauwarm .... 125 ml
frische Hefe .... 1 Würfel
(alternativ Trockenhefe........2 Pck.)
Bio-Zitrone........................1
Weizenmehl................. 500 g
Zucker ....100 g
Vanillezucker..................1 Pck
Nelken, gemahlen .... 1 Prise
Butter, weich ....150 g
Ei.................................1
Eigelb.............................1
Salz......................... 1 Prise

Überzug:
Butter, geschmolzen ....125 g
Puderzucker...................100 g

Tipp

Anstatt Orangenlikör kannst du für die alkoholfreie Variante auch Orangensaft verwenden.

1 Die Zutaten für die Einlage am Vorabend in eine kleine Schüssel geben, verrühren und zugedeckt über Nacht ziehen lassen.

2 Für den Stollenteig die Hefe in der lauwarmen Milch auflösen und kurz stehen lassen, bis sich kleine Bläschen bilden.

3 Die Schale der Bio-Zitrone abreiben. Weizenmehl, Zucker, Vanillezucker, Zitronenabrieb und Nelken in einer großen Schüssel mischen und eine Vertiefung in der Mitte formen. In diese Vertiefung die Hefemilch, Butter, Ei und Eigelb geben.

4 Das Ganze 5-7 min. zu einem glatten Teig verkneten, dabei das Salz und zum Schluss die Einlage hinzufügen. Den Teig zu einer Kugel formen und in einer leicht gefetteten Schüssel im Kühlschrank abgedeckt zwei Stunden gehen lassen.

5 Den Teig erneut mit der Hand durchkneten und oval etwa 32-38 cm lang ausrollen. Dann in der Mitte längs mit einem Kochlöffel leicht eindrücken und eine Seite darüberfalten.

6 Den Stollen auf ein mit Backpapier belegtes Backblech legen, eine gefettete Stollenhaube darüberlegen und mit einem sauberen Geschirrtuch abdecken. Für eine weitere Stunde gehen lassen.

7 In der Zwischenzeit den Backofen auf 180 °C Ober- und Unterhitze (165 °C Umluft) vorheizen. Den aufgegangenen Stollen auf der unteren Schiene 60 min. backen.

8 Anschließend herausnehmen, noch warm mit der geschmolzenen Butter bestreichen und dick mit Puderzucker bestäuben. Auskühlen lassen, in Alufolie wickeln und zwei Wochen durchziehen lassen.

PANETTONE AL CIOCCOLATO

Panettone ist der italienische Klassiker schlechthin an Weihnachten. Seit einigen Jahren bekommt man dieses hohe süße Brot auch bei uns überall zu kaufen. Aber warum kaufen, wenn man es doch auch ganz einfach selbst backen kann? Am leckersten mit extra viel Schokolade.

Für 15 Portionen (1300 g Brot)

Vorteig:

Wasser, lauwarm	85 ml
Weizenmehl	110 g
frische Hefe	5 g

Panettone-Teig:

Weizenmehl	450 g
Kakaopulver	30 g
Zucker	150 g
Vanillezucker	1 Pck.
Milch	80 ml
Amaretto	30 ml
Honig	15 g
Eigelb	7
Salz	1 Prise
Wasser, lauwarm	35 ml
frische Hefe	½ Würfel
(alternativ Trockenhefe	1 Pck.)
Butter, weich	110 g
Zartbitterschokolade, gehackt	165 g
Butter, geschmolzen	50 g

Tipp

Statt der Panettone-Backform kannst du auch Panettone-Formen aus Backpapier für das einmalige Backen verwenden. Diese nach dem Backen am Boden seitlich mit zwei langen Spießen durchbohren und die Panettone an den Spießen aufgehängt kopfüber auskühlen lassen, damit sie nicht zusammenfällt.

1 Für den Vorteig am Vorabend alle Zutaten in einer kleinen Schüssel verrühren, mit Frischhaltefolie abdecken und über Nacht bei Zimmertemperatur stehen lassen.

2 Für den Panettone-Teig Weizenmehl, Kakaopulver, Zucker und Vanillezucker in einer großen Schüssel mischen und in der Mitte eine Vertiefung formen. In diese Vertiefung den Vorteig, Milch, Amaretto, Honig und die Eigelbe geben.

3 Den Teig 5 min. kneten, dabei das Salz hinzufügen. Anschließend 10 min. ruhen lassen. In der Zwischenzeit die Hefe im lauwarmen Wasser auflösen. Zur Weizenmehlmischung dazugeben und erneut 10 min. verkneten. Den Teig anschließend erneut 10 min. abgedeckt ruhen lassen.

4 Den Teig kneten. Dabei die weiche Butter in kleinen Stücken dazugeben und solange kneten, bis ein geschmeidig glatter Teig entsteht. Zum Schluss die gehackte Zartbitterschokolade unterkneten.

5 Den Teig zu einer Kugel formen, in eine leicht gefettete Schüssel legen, abdecken und zwei Stunden an einen warmen Ort stellen.

6 In der Zwischenzeit eine Panettone-Form (ø 22 cm) fetten und mit Backpapier auslegen.

7 Den aufgegangenen Teig auf einer leicht bemehlten Arbeitsfläche erneut kneten, zu einer Kugel formen und in die Panettone-Form legen. Mit einem sauberen Tuch abdecken und an einem warmen Ort eine Stunde gehen lassen. In der Zwischenzeit den Backofen auf 180 °C Ober- und Unterhitze (165 °C Umluft) vorheizen.

8 Die aufgegangene Panettone mit der geschmolzenen Butter bestreichen, mit einer Schere oben über Kreuz einschneiden und 45 min. auf der unteren Schiene backen. In der Form auskühlen lassen.

BROTBACKMISCHUNG
ZUM VERSCHENKEN

Ein selbst gemachtes Brot ist immer ein schönes Mitbringsel. Aber es muss ja nicht immer schon gebacken sein. Warum nicht mal eine Backmischung verschenken? In einem dekorativen Glas mit einer schönen Verzierung und dem beigefügten Rezept wird sie zu einem kreativen Geschenk.

Für etwa 1000 g Teig

Backmischung:

Trockenhefe	1 Pck.
Vollkornmehl	200 g
Zucker	100 g
Weizenmehl	200 g
brauner Zucker	50 g
Salz	1 Prise
Zylinderglas (750 ml)	1

Zum Backen:

Wasser, lauwarm	240 ml
Ei	1
Öl	50 ml

EINFÜLLEN

1 Zum Einfüllen die Zutaten in der angegebenen Reihenfolge in das Glas schichten. Nach jeder Schicht, das Glas leicht auf die Arbeitsfläche klopfen, damit sich die Zutaten verdichten können.

2 Das Glas verschließen und nach Wunsch mit einer Schleife o.Ä. verzieren. Zum Schluss das Rezept für die Zubereitung anbringen.

BACKEN

1 Die Backmischung in eine große Rührschüssel geben. Wasser, Ei und Öl hinzufügen und 5-7 min. zu einem glatten Teig verkneten.

2 Den Teig zu einer Kugel formen, in eine leicht gefettete Schüssel legen, mit einem sauberen Tuch abdecken und an einem warmen Ort eine Stunde gehen lassen.

3 Eine Kastenform (25 cm) fetten und mit Mehl bestäuben. Den Teig erneut kneten, zu einem Brot formen und in die Form legen. Erneut 30 min. gehen lassen.

4 Den Backofen auf 190 °C Ober- und Unterhitze (175 °C Umluft) vorheizen und das aufgegangene Brot 35-45 min. backen oder bis es schön goldbraun ist.

Tipp

Nach Wunsch 200 g Trockenfrüchte oder 200 g gehackte Nüsse unter den fertigen Teig (Backen, Schritt 1) kneten.

Volles KORN voraus

GRUNDREZEPT
FÜR SÜSSEN VOLLKORNHEFETEIG

Ein solides Grundrezept ist beim Hefeteig das um und auf, vor allem beim Vollkornhefeteig. Denn häufig werden Vollkornhefeteige trocken und schmecken dann einfach nicht. Bei diesem Rezept habe ich daher besonders darauf geachtet, dass das fertige Vollkornbrot schön saftig wird.

Für 1000 g Teig

Milch, lauwarm	280 ml
frische Hefe	½ Würfel
(alternativ Trockenhefe	1 Pck.)
brauner Zucker	100 g plus 1 TL
Vollkornmehl	300 g
Weizenmehl	200 g
Ei	1
Öl	60 ml
Salz	1 Prise

1 Die Hefe mit 1 TL braunem Zucker in der lauwarmen Milch auflösen und kurz stehen lassen, bis sich kleine Bläschen bilden.

2 Vollkornmehl, Weizenmehl und den restlichen braunen Zucker in einer großen Schüssel mischen und eine Vertiefung in der Mitte formen. In diese Vertiefung die Hefemilch, Ei und Öl geben.

3 Die Zutaten 5-7 min. zu einem glatten und nicht klebrigen Teig kneten, dabei das Salz hinzufügen. Sollte der Teig zu klebrig sein, ggf. noch 2-3 EL Weizenmehl unterkneten.

4 Den Teig zu einer Kugel formen, in eine leicht gefettete Schüssel legen und abgedeckt an einem warmen Ort ein bis zwei Stunden gehen lassen oder bis sich das Volumen verdoppelt hat.

Tipp

Den Vollkornhefeteig kannst du auch für andere Rezepte im Buch verwenden, wie z. B. die Cinnamon-Rolls (Seite 22-23) oder die Franzbrötchen (Seite 38-39).

VOLLKORN-MOHNSTRUDEL

Mohnstrudel und Nussstrudel sind eine Spezialität meiner Großmutter. Im Sommer duftet manchmal nicht nur ihr Haus, sondern auch der ganze Hof nach dem köstlichen Gebäck. Mit dem Vollkornhefeteig wird der Mohnstrudel noch aromatischer im Geschmack und bleibt auch länger saftig.

Für 15 Portionen (1600 g Brot)

Grundrezept Vollkornhefeteig (siehe Seite 90-91)	1
Bio-Zitrone	1
Milch	200 ml
brauner Zucker	150 g
Honig	20 g
Butter	15 g
Rum	2 EL
Mohn, gemahlen	200 g

Zum Bestreichen:

Ei	1
Milch	1 EL

1 Den Hefeteig nach Grundrezept (siehe Seite 90-91) zubereiten und gehen lassen.

2 Die Schale der Bio-Zitrone abreiben. Für die Mohnfüllung Milch, Zitronenabrieb, braunen Zucker, Honig, Butter und Rum in einen Topf geben und aufkochen lassen.

3 Vom Herd nehmen und den Mohn einrühren. Erneut auf den Herd stellen und unter Rühren 5 min. kochen lassen, damit die Mohnfüllung etwas eindickt. Abkühlen lassen.

4 Den aufgegangenen Hefeteig in zwei gleich große Teile schneiden und jeweils ein Teil auf einer bemehlten Arbeitsfläche zu einem etwa 40 cm x 20 cm großen Rechteck dünn ausrollen.

5 Auf jedes Rechteck jeweils die Hälfte der Mohnfüllung geben und verstreichen, dabei rundherum einen 1 cm breiten Rand freilassen.

6 Die Rechtecke an einer langen Seite aufrollen und die Enden gut verschließen. Mit der Naht nach unten auf ein mit Backpapier belegtes Backblech geben. Die beiden Strudel mit einem sauberen Tuch abdecken und mindestens eine Stunde gehen lassen. Den Backofen 30 min. auf 180 °C Ober- und Unterhitze (165 °C Umluft) vorheizen.

7 Ei und Milch verquirlen. Die aufgegangenen Strudel mit der Ei-Milch-Mischung bestreichen (ggf. noch etwas Mohn draufstreuen) und auf mittlerer Schiene 30-40 min. backen oder bis die Strudel schön goldbraun sind. Auskühlen lassen.

Tipp

Wenn die Strudel schön hoch werden sollen, kannst du sie jeweils auch in einer gefetteten Auflaufform backen.

VOLLKORNLAIB
MIT HONIG UND HAFERFLOCKEN

Der Vollkornlaib ist ein etwas gesünderes süßes Frühstücksbrot, das perfekt zu Marmelade oder anderen süßen Aufstrichen passt. Wer die Kombination aus süß und pikant mag, kann es aber auch mit Schinken belegen

Für 6 Portionen (900 g Brot)

Milch	220 ml
Butter	40 g
Honig	170 g
frische Hefe	½ Würfel
(alternativ Trockenhefe	1 Pck.)
Vollkornmehl	200 g
Weizenmehl	150 g
Haferflocken	50 g plus 2 EL zum Bestreuen
Sonnenblumenkerne	30 g
Leinsamen (optional)	2 EL
Zimt	1 Prise
Salz	1 Prise
Ei, verquirlt	1

1 In einem Topf Milch, Butter und Honig erhitzen, bis die Butter geschmolzen ist. Die Mischung lauwarm abkühlen lassen.

2 In die lauwarme Milch-Honig-Mischung die Hefe rühren und kurz stehen lassen, bis sich Bläschen bilden.

3 In der Zwischenzeit in einer Schüssel Vollkornmehl, Weizenmehl, 50 g Haferflocken, Sonnenblumenkerne, Leinsamen (optional) und Zimt mischen und eine Vertiefung in der Mitte formen. In die Vertiefung die Hefemilch geben.

4 Den Teig etwa 5-6 min. geschmeidig kneten, dabei das Salz hinzufügen. Der Teig darf ruhig etwas klebrig sein.

5 Den Teig in eine leicht gefettete Schüssel legen, mit einem sauberen Tuch oder Frischhaltefolie abdecken und zwei Stunden an einem warmen Ort gehen lassen.

6 Den Teig auf einer leicht bemehlten Arbeitsfläche kneten und zu einem 20 cm x 30 cm großen Rechteck ausrollen. Dieses zweimal zu einer 20 cm x 10 cm großen Rolle falten.

7 Die Rolle in eine gefettete Kastenform (20 cm) legen und zugedeckt eine Stunde gehen lassen. In der Zwischenzeit den Backofen auf 190 °C Ober- und Unterhitze (170 °C Umluft) vorheizen.

8 Den aufgegangenen Teig mit dem verquirlten Ei bepinseln und mit 2 EL Haferflocken bestreuen. Danach auf mittlerer Schiene 40 min. backen oder bis der Laib goldbraun ist. Er ist gar, wenn er beim Klopfen hohl klingt. Sollte das Brot zu schnell braun werden, nach 25 min. mit Alufolie abdecken.

Tipp

Den Teig kannst du auch am Vorabend zubereiten und über Nacht im Kühlschrank gehen lassen.

DINKELBRIOCHES

Diese kleinen Dinkelbrioches sind die perfekten Sonntagsbrötchen. Mit viel guter Butter gebacken, schmecken sie auch ohne Marmelade & Co. Wer möchte, darf sie aber natürlich auch aufreißen und mit Konfitüre bestreichen.

Für 14 Portionen

Milch, lauwarm .... 75 ml
frische Hefe .... ½ Würfel
(alternativ Trockenhefe........1 Pck.)
brauner Zucker ...... 100 g plus 1 TL
Dinkelmehl.................. 300 g
Dinkel-Vollkornmehl .... 200 g
Zimt............................1 TL
Butter, geschmolzen ....150 g
Eier, verquirlt......................4
Salz......................... 1 Prise

Zum Bestreichen:

Ei................................1
Milch ....1 EL

1 Die Hefe und 1 TL braunen Zucker in der lauwarmen Milch auflösen und kurz stehen lassen, bis sich Bläschen bilden.

2 In der Zwischenzeit Dinkelmehl, Dinkel-Vollkornmehl, braunen Zucker und Zimt in einer großen Schüssel mischen und eine Vertiefung in der Mitte formen. In diese Vertiefung die Hefemilch, geschmolzene Butter und die verquirlten Eier geben.

3 Die Zutaten 5-6 min. zu einem geschmeidigen Teig verkneten, dabei das Salz hinzufügen.

4 Den Teig zu einer Kugel formen, in eine leicht gefettete Schüssel legen und zugedeckt an einem warmen Ort zwei Stunden gehen lassen oder bis sich sein Volumen verdoppelt hat.

5 Den aufgegangenen Teig durchkneten und danach in 14 Stücke à 65 g und 14 Stücke à 10 g teilen. Alle Stücke zu Kugeln formen.

6 14 Briocheförmchen (ø 6 cm) oder 14 Muffinformen fetten und mit Mehl bestäuben. Die Briocheförmchen auf einem Backblech verteilen.

7 Immer je eine große Teigkugel in eine Form setzen, mit dem Zeigefinger eine kleine Vertiefung in die Mitte drücken und jeweils eine kleine Kugel daraufsetzen. Erneut mit einem sauberen Geschirrtuch abdecken und an einem warmen Ort eine Stunde gehen lassen.

8 Den Backofen 30 min. auf 180 °C Ober- und Unterhitze (165 °C Umluft) vorheizen. Ei und Milch verquirlen. Die aufgegangenen Dinkelbrioches mit der Ei-Milch-Mischung bestreichen und 20-25 min. auf mittlerer Schiene backen oder bis sie goldbraun sind.

Tipp

Anstatt des Dinkel-Vollkornmehls kannst du auch weitere 200 g Dinkelmehl verwenden.

VOLLKORN-CHALLA

Challa ist ein traditionelles jüdisches Brot, das zum Sabbat gereicht wird. Der geflochtene Hefezopf sollte eigentlich „neutral" schmecken, damit er auch zu Fleisch gegessen werden kann. Aber die süße Variante schmeckt genauso lecker und lässt sich hervorragend mit Konfitüre und Co. kombinieren.

Für 10 Portionen (900 g Brot)

Hefeteig:

Wasser, lauwarm	210 ml
frische Hefe	½ Würfel
(alternativ Trockenhefe	1 Pck.)
Zucker	50 g plus 1 EL
Weizenmehl	250 g
Vollkornmehl	250 g
Olivenöl (oder anderes Pflanzenöl)	60 ml
Eier	2
Salz	1 Prise

Zum Bestreichen:

Ei	1
Milch	1 EL

1 Die Hefe zusammen mit 1 EL Zucker in lauwarmem Wasser auflösen und kurz stehen lassen, bis sich Bläschen bilden.

2 Weizenmehl, Vollkornmehl und den restlichen Zucker in einer Schüssel mischen und eine Vertiefung in der Mitte formen. In diese Vertiefung Olivenöl, Eier und das Hefewasser geben. Die Zutaten 5-7 min. zu einem geschmeidigen Teig kneten, dabei das Salz hinzufügen.

3 Den Teig auf einer leicht bemehlten Arbeitsfläche noch einmal durchkneten, zu einer Kugel formen und in eine leicht gefettete Schüssel legen. An einem warmen Ort eine Stunde gehen lassen oder bis sich der Teig verdoppelt hat.

4 Den aufgegangenen Teig noch einmal durchkneten und in drei Teile teilen. Jedes Teil zu einem etwa 50 cm langen Strang rollen.

5 Die drei Stränge parallel zueinander legen und an einem Ende die drei Spitzen zusammendrücken. Anschließend die Teigstränge flechten. Zum Schluss die Enden zusammendrücken.

6 Die Challa auf ein mit Backpapier belegtes Backblech legen. Abdecken und 30 min. gehen lassen. In der Zwischenzeit den Backofen auf 190 °C Ober- und Unterhitze (170 °C Umluft) vorheizen.

7 Ei und Milch verquirlen. Die aufgegangene Challa mit der Ei-Milch-Mischung bestreichen. Auf mittlerer Schiene 35-40 min. backen oder bis der Zopf schön goldbraun ist und hohl klingt, wenn man daraufklopft. Auskühlen lassen.

Tipp

Knete die Stränge auf einer mit möglichst wenig Mehl bestäubten Arbeitsfläche. Dadurch erhält die Challa eine gleichmäßige Form.

VOLLKORNZUPFBROT
MIT GEWÜRZEN

Eine Backform voll mit süßem Hefeteig, der nach Zimt und anderen Gewürzen duftet. Da muss man sich einfach Stückchen abzupfen und sofort genießen. Das Zupfbrot ist ideal als Party-Süß oder fürs Büffet. Und die Backform wird garantiert schnell leer sein.

Für 6 Portionen (750 g Brot)

Grundrezept Vollkornhefeteig (siehe Seite 90-91) 1
Butter, geschmolzen und abgekühlt..................50 g
brauner Zucker ....150 g
Zimt, gemahlen.................1 TL
Kardamom, gemahlen.......... ½ TL
Muskatnuss, gemahlen......... ½ TL
Nelken, gemahlen .... 1 Prise

1 Den Hefeteig nach dem Grundrezept (siehe Seite 90-91) zubereiten und gehen lassen.

2 Den Teig auf einer bemehlten Arbeitsfläche zu einem 24 cm x 42 cm großen Rechteck ausrollen. Das Rechteck mit der geschmolzenen Butter bestreichen.

3 Den braunen Zucker mit Zimt, Kardamom, Muskatnuss und Nelken mischen. Auf die geschmolzene Butter streuen, dabei etwas festdrücken.

4 Das Rechteck in drei 8 cm breite Streifen schneiden. Die Streifen aufeinanderlegen und quer in sechs 7 cm lange Stücke schneiden.

5 Die 18 Teigkarten aufrecht in eine gefettete Kastenform (25 cm) schichten. Abgedeckt an einem warmen Ort 30 min. gehen lassen. In der Zwischenzeit den Backofen auf 170 °C Ober- und Unterhitze (155 °C Umluft) vorheizen.

6 Das aufgegangene Zupfbrot 40 min. auf mittlerer Schiene backen oder bis es goldbraun ist. Abkühlen lassen.

VOLLKORNKRANZ
MIT BLAUBEEREN

Wer so wie ich Blaubeeren mag, wird diesen Hefekranz lieben! Der saftige Vollkornhefeteig wird marmoriert von einer Vanille-Frischkäse-Füllung mit vielen Blaubeeren. Einfach unwiderstehlich!

Für 12 Portionen (1600 g Brot)

Grundrezept Vollkornhefeteig (siehe Seite 90-91)	1
Frischkäse	250 g
Vanillepuddingpulver	1 Pck.
Puderzucker	100 g
Blaubeeren	250 g

1 Den Hefeteig nach dem Grundrezept (siehe Seite 90-91) zubereiten und gehen lassen.

2 Für die Füllung den Frischkäse mit dem Vanillepuddingpulver und dem Puderzucker verrühren.

3 Den Hefeteig durchkneten und auf einer leicht bemehlten Arbeitsfläche zu einem 50 cm x 40 cm großen Rechteck ausrollen.

4 Das Teigrechteck mit der Füllung bestreichen und mit den Blaubeeren belegen. Dabei rundherum einen mindestens 1 cm breiten Rand freilassen.

5 Das Rechteck an einer langen Seite aufrollen. Die Enden gut verschließen. Die Rolle anschließend der Länge nach mit 3 cm Abstand zum oberen Rand in der Mitte durchschneiden.

6 Die beiden entstandenen Stränge in sich verdrehen und übereinanderlegen. Zum Schluss zum Kranz formen.

7 Den Kranz auf ein mit Backpapier belegtes Backblech legen. Alternativ in eine gefettete Kranzform (ø 26 cm) legen. Den Kranz abgedeckt 30 min. gehen lassen. In der Zwischenzeit den Backofen auf 190 °C Ober- und Unterhitze (170 °C Umluft) vorheizen.

8 Den aufgegangenen Kranz auf mittlerer Schiene 40-45 min. backen oder bis er goldbraun ist. Auskühlen lassen.

TOPPINGS UND
Leckeres aus Resten

HONIGBUTTER

Butter darf auf keinem guten Brot fehlen. Alle Brote in diesem Buch sind natürlich auch ohne Butter köstlich, aber die Butter gibt ihnen noch das gewisse Etwas. Am Vorabend zubereitet ist die Honigbutter beim Frühstück der perfekte Aufstrich für einen guten Start in den Tag.

Für 480 g

Butter (gute Qualität), weich	250 g
Puderzucker	60 g
Vanilleschote	1
Zimt	½ TL
Honig	170 g

1 Die weiche Butter mindestens 5 min. aufschlagen, bis sie hell wird. Den Puderzucker dazugeben und verrühren, bis sich die beiden Zutaten verbunden haben.

2 Die Vanilleschote der Länge nach aufschlitzen und das Mark herauskratzen. Vanillemark, Zimt und den Honig zu der Butter-Zucker-Mischung dazugeben und 5-6 min. aufschlagen, bis eine luftige Masse entsteht.

3 Ein flaches Gefäß mit Frischhaltefolie oder Backpapier auslegen und die Butter hineinstreichen.

4 Die Butter mit Frischhaltefolie oder Backpapier bedecken und mindestens drei Stunden im Kühlschrank wieder fest werden lassen.

Tipp

Je nach Haltbarkeitsdatum der Butter hält sich die Honigbutter mindestens zwei Wochen im Kühlschrank.

SCHNELLE KONFITÜREN

Diese Konfitüren sind schnell zubereitet und stehen den eingekochten geschmacklich in nichts nach. Sie sind allerdings nicht so lange haltbar. Mit dem Rezept lassen sich auch Reste aus dem Obstkorb perfekt verwerten.

Für jeweils 350 ml

Früchte (Erdbeeren, Blaubeeren oder Aprikosen)	450 g
Zucker	150 g
Zitronensaft	2 EL

1 Die Früchte vorbereiten: Erdbeeren entstielen, Blaubeeren aussortieren bzw. die Aprikosen entsteinen. Die Früchte anschließend grob kleinschneiden.

2 Die Früchte mit Zucker und Zitronensaft in einen großen Topf geben. Bei mittlerer Hitze aufkochen und etwa 5 min. köcheln lassen. Etwas abkühlen lassen und mit dem Pürierstab nach Wunsch zerkleinern.

3 Bei mittlerer Hitze sprudelnd einkochen lassen (Aprikosen 10 min., Erdbeeren 12 min., Blaubeeren 16 min.), dabei ständig umrühren, damit nichts anbrennt.

4 Sobald die Konfitüre eindickt, heiß in saubere Einmachgläser füllen. Die Gläser mit dem Schraubdeckel verschließen und auskühlen lassen.

Tipp

Die Konfitüren halten sich im Kühlschrank bis zu zehn Tage.

HASELNUSS-SCHOKO-AUFSTRICH

Zu meinen Lieblingsbrotaufstrichen gehört Haselnuss-Schoko-Creme. Manchmal löffle ich sie sogar einfach aus dem Glas – ganz ohne Brot. Für Leckermäuler wie mich ist dieser Haselnuss-Schoko-Aufstrich mit selbst gerösteten Haselnüssen etwas ganz Besonderes!

Für etwa 350 g

Haselnüsse	250 g
Kakaopulver	25 g
Puderzucker	100 g
Vanillezucker	1 Pck.
Salz	1 Prise
Pflanzenöl	2 EL

1 Den Backofen auf 180 °C Ober- und Unterhitze (165 °C Umluft) vorheizen. Die Haselnüsse auf einem Backblech verteilen.

2 Die Haselnüsse im heißen Ofen etwa 20 min. rösten oder bis sie zu duften beginnen. Abkühlen lassen.

3 Die abgekühlten Haselnüsse in ein sauberes Geschirrtuch wickeln und reiben, bis sich die Schalen lösen.

4 Die geschälten Haselnüsse im Mixer 3 min. zerkleinern. Anschließend Kakaopulver, Puderzucker, Vanillezucker und Salz dazugeben und im Mixer weiter zerkleinern, bis eine Paste entsteht.

5 Das Öl mit der Paste vermischen, bis die gewünschte Konsistenz erreicht ist. Ist sie zu weich, etwas Puderzucker unterrühren. Ist sie zu fest, etwas mehr Öl dazugeben.

6 Den Haselnuss-Schokoladen-Aufstrich in ein sauberes Einmachglas füllen und luftdicht verschließen.

Tipp

Bei Zimmertemperatur hält sich der Aufstrich einige Tage, im Kühlschrank bis zu zehn Tage. Im Kühlschrank gelagerten Aufstrich 30 min. vor dem Verzehr herausnehmen.

ERDNUSS- UND MANDEL-MUS

Liebhaber von Erdnussbutter & Co. kommen mit diesen Rezepten voll auf ihre Kosten. Das helle Erdnuss-Zimt-Mus und das kräftige Mandel-Kaffee-Mus sind ein köstlicher Aufstrich für alle Brotsorten in diesem Buch.

Erdnuss-Zimt-Mus

Für 250 ml

Erdnüsse, geröstet und gesalzen	200 g
Puderzucker	70 g
Zimt	½ TL
Öl	1 EL

1 Die Erdnüsse im Mixer auf höchster Stufe etwa 3 min. zerkleinern, bis eine Paste entsteht. Puderzucker und Zimt hinzufügen und weiter zu einem feinen Mus mixen.

2 Das Öl dazugeben und vermengen. Je nach gewünschter Konsistenz noch etwas mehr Öl hinzugeben.

3 Das Erdnuss-Zimt-Mus in ein Einmachglas füllen und luftdicht verschließen.

Mandel-Kaffee-Mus

Für 250 ml

Mandeln	200 g
Puderzucker	70 g
Instant-Espressopulver	1 TL
Salz	1 Prise
Öl	3 EL

1 Den Backofen auf 180 °C Ober- und Unterhitze (165 °C Umluft) vorheizen. Die Mandeln auf einem Backblech verteilen und im heißen Ofen 15 min. rösten. Abkühlen lassen.

2 Die Mandeln im Mixer 4 min. auf höchster Stufe zerkleinern. Puderzucker, Instant-Espressopulver und Salz hinzufügen und mixen, bis eine dicke Paste entsteht. Öl hinzufügen und vermengen.

3 Das fertige Mandel-Kaffee-Mus in ein Einmachglas füllen und luftdicht verschließen.

Tipp

Das Erdnuss-Zimt-Mus und das Mandel-Kaffee-Mus halten sich bei Zimmertemperatur einige Tage, im Kühlschrank bis zu zwei Wochen. Im Kühlschrank gelagertes Mus 30 min. vor dem Verzehr herausnehmen, damit es weich wird.

Chocolate Chip
Cookies & Cream
Karamell Keks

COOKIE-BUTTER

Ein selbstgemachter Brotaufstrich, aus den Lieblingskeksen zubereitet, ist ein perfektes kleines Mitbringsel. Einfach in ein dekoratives Glas füllen und ein schönes Etikett anhängen und der Beschenkte freut sich bestimmt schon auf den ersten Löffel aus dem Gläschen.

Für jeweils 250 ml

Karamellkeks-Butter

Karamellkekse .... 225 g
brauner Zucker .... 2 EL
Butter, geschmolzen .... 15 g
Schlagsahne .... 80-100 ml

Cookies-&-Cream-Butter

Kakaokekse mit Cremefüllung,
ohne Füllung .... 225 g
brauner Zucker .... 2 EL
Butter, geschmolzen .... 15 g
Schlagsahne .... 80-100 ml

Chocolate-Chip-Butter

Chocolate-Chip-Kekse .... 225 g
Zucker .... 2 EL
Butter, geschmolzen .... 15 g
Schlagsahne .... 80-100 ml
gehackte Schokolade .... 20 g

1 Die Kekse ohne Füllung im Mixer zu feinen Krümeln zerkleinern. Zucker, geschmolzene Butter und 80 ml Schlagsahne hinzufügen.

2 Gut mixen und je nach gewünschter Konsistenz oder wenn die Butter noch zu krümelig ist, noch etwas Schlagsahne hinzufügen.

3 Bei den Chocolate-Chip-Keksen zum Schluss die gehackte Schokolade im Mixer untermengen.

4 Die Cookie-Butter in Schraubgläser füllen und im Kühlschrank aufbewahren. Etwa 30 min. vor dem Verzehr aus dem Kühlschrank nehmen, damit sich die Cookie-Butter leichter streichen lässt.

APFEL-BROTPUDDING
MIT NÜSSEN

Wenn wider Erwarten einmal etwas Brot übrig bleibt, kannst du damit im Handumdrehen einen leckeren Nachtisch zaubern. Die etwas trockenen Brotscheiben und Apfelringe werden in eine Auflaufform geschichtet und mit einer gehaltvollen Vanille-Zimt-Milch getränkt.

Für 6 Portionen

altbackenes Brot (z.B. Brioche, Toastbrot, Osterpinze)	300 g
Äpfel, geschält und in Ringe geschnitten	4-5
Zucker	100 g
brauner Zucker	80 g
Vanillezucker	1 Pck.
Eier	4
Milch	500 ml
Zimt	1 Prise
Walnüsse, gehackt	50 g

1 Den Backofen auf 180 °C Ober- und Unterhitze (165 °C Umluft) vorheizen. Eine hohe Auflaufform fetten.

2 Das Brot in ca. 1 cm breite Scheiben schneiden und abwechselnd mit den Apfelringen in die Auflaufform schichten.

3 In einer Schüssel Zucker, braunen Zucker, Vanillezucker und Eier verrühren, bis sich der Zucker aufgelöst hat. Milch und Zimt hinzufügen und vermengen.

4 Die Eier-Milch-Mischung vorsichtig über das Brot in der Auflaufform gießen. Die Form sollte fast voll sein. Mit den gehackten Walnüssen bestreuen. 10 min. ziehen lassen.

5 Die Auflaufform in den Ofen schieben und auf mittlerer Schiene 50-60 min. backen. Nach etwa 30 min. mit Alufolie abdecken. Nach dem Backen aus dem Ofen nehmen und etwas abkühlen lassen, damit der Pudding fest wird.

Tipp

Besonders lecker schmeckt der Apfel-Brotpudding mit einer Kugel Vanilleeis.

FRENCH TOAST MIT ZIMT

Etwas trockenes Toastbrot ist ideal, um French Toast zuzubereiten. Dazu brauchst du keine außergewöhnlichen Zutaten. Eier, Milch, Weizenmehl, Zucker und Zimt hat man ohnehin immer im Haus. Mit frischen Beeren, Schokolade oder Ahornsirup garniert ist der French Toast ein unwiderstehlicher Genuss zum Frühstück oder zu jeder anderen Tageszeit.

Für 5 Portionen

French Toast:

Eier 3
Weizenmehl .... 20 g
Zucker .... 50 g
Vanillezucker .... 1 Pck.
Salz .... 1 Prise
Zimt .... ½ TL
Milch .... 80 ml
Butter für die Pfanne .... 1-2 EL
altbackenes Toast- oder Briochebrot (ca. 2 cm dick) .... 5 Scheiben

Toppings:

frische Beeren
Ahornsirup
Schokolade und Mini-Marshmallows
Eiscreme

1 Die Eier in einer flachen Schüssel, einem tiefen Teller oder einer Pie-Form aus Keramik aufschlagen.

2 Weizenmehl, Zucker, Vanillezucker, Salz und Zimt dazugeben und glattrühren, bis kein Weizenmehl mehr zu sehen ist.

3 Die Milch unterrühren. In der Zwischenzeit Butter in einer großen Pfanne bei mittlerer Hitze zerlassen.

4 Die Brotscheiben von beiden Seiten gut in der Eier-Mehl-Mischung tränken und sofort in die Pfanne legen. Von beiden Seite etwa 6-8 min. goldbraun anbraten.

5 Die Brotscheiben aus der Pfanne nehmen und nach Wunsch sofort frische Beeren, Ahornsirup oder Eiscreme darauf geben. Bei der Variante mit Schokolade und Marshmallows die Schokolade sehr klein hacken und während der letzten 2 min. direkt auf den French Toast in der Pfanne geben, damit sie schmelzen kann.

Erste Hilfe BEI HEFETEIGPROBLEMEN

ERSTE HILFE
BEI HEFETEIGPROBLEMEN

Hefepilze sind lebendige Organismen und wollen beim Backen mit Vorsicht behandelt werden. Wenn der Hefeteig einmal nicht so gut funktioniert, gibt es dafür unterschiedliche Gründe. Was du in diesen Fällen tun kannst, erfährst du hier.

Mein „Dampfl" bildet keine Bläschen

Wenn du die Hefe in der Flüssigkeit aufgelöst hast und es bilden sich nach einer Weile keine Bläschen, dann war wahrscheinlich die Hefe nicht mehr in Ordnung. Es könnte aber auch sein, dass du sie durch eine zu hohe oder zu niedrige Temperatur abgetötet hast. Die Flüssigkeit, in der die Hefe aufgelöst wird, sollte lauarm sein (siehe Seite 9). Wenn das „Dampfl" also keine Bläschen wirft, dann musst du mit frischer Hefe von vorne beginnen. Deswegen bereite ich gerne einen Vorteig zu, damit ich nicht zu viele Zutaten verschwende, sollte die Hefe einmal nicht funktionieren.

Der Teig ist zu trocken oder zu weich

Gleich nach wenigen Augenblicken kneten merkt man schon, ob der Teig zu trocken ist. Denn dann verbinden sich die Zutaten einfach nicht zu einem geschmeidigen Teig. Wenn das passiert, gib 1 EL lauwarmes Wasser zum Teig. Anschließend weiterkneten.

Wenn der Teig zu feucht ist und nicht geschmeidig wird, fügst du einfach einige Esslöffel Mehl hinzu. Beachte aber, dass manche Teige erst nach der angegebenen Knetzeit geschmeidig werden. Das liegt an der Beschaffenheit der Zutaten und an dem Zeitpunkt, ab dem sich die Klebereigenschaften des Mehles entwickeln.

Der Teig geht nicht auf

Wenn der Teig nach der in den Rezepten angegebenen Zeit noch nicht oder noch zu wenig aufgegangen ist, dann gib ihm ein bisschen mehr Zeit. Die Angaben in den Rezepten sind Richtwerte. Es kommt immer darauf an, wie warm es an dem Ort ist, wo der Teig geht. Ist der Teig nach der angegebenen Zeit noch überhaupt nicht aufgegangen, dann war die Hefe nicht in Ordnung. Das ist ärgerlich, aber kein Weltuntergang. Fang einfach noch einmal von vorne an und achte dieses Mal darauf, dass du die richtige Menge Hefe verwendest, dass die Hefe frisch ist und dass du sie genau nach Rezept verarbeitest.

Der Teig lässt sich nicht ausrollen

Ein Teig, der sich nicht ausrollen lässt, wurde wahrscheinlich zu viel bearbeitet. Durch das Kneten wird das Protein Gluten im Mehl aktiviert. Das Protein entwickelt durch die Zugabe von Wasser seine Klebeeigenschaften. Dadurch wird der Teig geschmeidig. Knetest du zu viel, wird der Teig zu elastisch und springt immer wieder zurück, wenn du ihn ausrollst. Lass den Teig in diesem Fall einfach noch einmal 30 min. in einer Schüssel abgedeckt ruhen, dann wird er sicher kooperativer.

Es bildet sich im Ofen eine unschöne Kruste auf dem Brot

Bekommt das Brot beim Backen eine unschöne Kruste oder backt es nicht gleichmäßig auf der Oberfläche, kann das an der Ofentemperatur liegen. Nicht jeder Ofen backt gleich. Bei meinem beispielsweise entsteht bei Umluft in der hinteren rechten Ecke mehr Hitze und mein Brot wird dort schneller braun. Bei Ober- und Unterhitze passiert das nicht.

Dass der Teig krustig wird, kann aber auch daran liegen, dass der Ofen die eingestellte Temperatur nicht erreicht oder gar übertrifft. Um das herauszufinden, kannst du die Ofentemperatur mit einem Ofenthermometer prüfen (siehe Seite 11). Du kannst jedoch auch einfach beim nächsten Brot die im Rezept angegebene Temperatur im Ofen um 5 °C reduzieren, wenn die Kruste zu dunkel und fest ist. Oder – wenn die Kruste deines Brotes zu hell geworden ist –, um 5 °C erhöhen.

Das Brot bekommt im Ofen zu schnell Farbe

Das kann passieren, wenn die tatsächliche Temperatur im Ofen höher liegt als die eingestellte Temperatur oder wenn die Hitze ungleichmäßig im Innenraum des Ofens verteilt ist. Behalte das Brot beim Backen einfach im Auge. Hat es nach der Hälfte der Backzeit schon eine recht bräunliche Farbe, decke es leicht mit etwas Alufolie ab. So kannst du verhindern, dass es verbrennt.

Das Brot fällt nach dem Backen zusammen

Wenn das Brot nach dem Backen zusammenfällt, wurde es nicht vollständig durchgebacken. Meist ist dann die Kruste schon fertig, aber das Innere noch nicht ganz. Normalerweise ist das kein Problem. Geschmacklich ist es egal, ob das Brot eine Delle hat oder schön prall dasteht. Mach beim nächsten Mal einfach die Klopfprobe: Klingt es hohl, wenn du auf die Unterseite des Brotes klopfst, dann ist es fertig. Brote, die ich in der Form backen, nehme ich am Ende der Backzeit kurz aus dem Ofen, stürze sie auf die Arbeitsfläche, klopfe und entscheide dann, ob sie wieder zurück in den Ofen kommen.

Das Brot lässt sich nicht aus der Form lösen

Lass das Brot auskühlen und klopfe die Form anschließend auf der Arbeitsfläche auf. Dadurch löst sich das Brot von den Wänden der Form. Und wenn du die Form dann kopfüber hältst, plumpst das Brot durch sein eigenes Gewicht heraus. Achte beim nächsten Mal darauf, dass du die Form gründlich fettest und mit Mehl ausstäubst.

Buchempfehlungen für Sie

TOPP 8013
ISBN 978-3-7724-8013-6

TOPP 8031
ISBN 978-3-7724-8031-7

TOPP 8026
ISBN 978-3-7724-8026-3

TOPP 8012
ISBN 978-3-7724-8012-6

TOPP 8014
ISBN 978-3-7724-8014-0

TOPP 8027
ISBN 978-3-7724-8027-0

TOPP 8030
ISBN 978-3-7724-8030-0

TOPP 8004
ISBN 978-3-7724-8004-1

TOPP 8022
ISBN 978-3-7724-8022-5

TOPP 8002
ISBN 978-3-7724-8002-7

TOPP 8023
ISBN 978-3-7724-8023-2

TOPP 7468
ISBN 978-3-7724-7468-2

Kreativ-Bücher finden Sie auf www.TOPP-kreativ.de

ÜBER DEN AUTOR

Kevin Buch, geboren 1992 in Feldbach in der Nähe von Graz, hat zwei große Leidenschaften: das Backen und die Juristerei. Seine Begeisterung für das Backen lebt er auf seinem erfolgreichen Blog www.lawofbaking.com aus, der Juristerei widmet er sich in seinem Studium der Rechtswissenschaften. Kevin Buch lebt im Burgenland in Österreich.

DANKSAGUNG

Ein riesengroßes Danke an meine feuerrote KitchenAid. Danke, dass du nicht den Geist aufgegeben hast bei all dem Hefeteig. Danke, dass ich dich teilweise malträtieren durfte, ohne dass du mir das übelgenommen hast. Ich glaube, du hast dir damit einen neuen Knethaken redlich verdient.

Natürlich möchte ich auch meiner Familie und meinen Freunden Danke sagen. Ihr habt immer tapfer und fast ohne Murren, alles aufgefuttert, was ich euch vor die Nase gestellt habe. Und eure ehrliche und notwendige Kritik war hilfreich bei der Überarbeitung der Rezepte. Ich hätte mir vor einiger Zeit noch nicht erträumen können, welches Ausmaß so ein Buchprojekt annehmen kann, deswegen war ich (und bin ich noch) über jede Hilfe sehr dankbar.

Ein extravagant und pompös großes Danke geht natürlich auch an euch da draußen, die ihr dieses Buch in den Händen haltet. Ihr seid mein „Antrieb", für euch mache ich das alles. Mir ist nämlich nicht nur der Spaß an der Sache wichtig, sondern auch, meine Erfahrungen weitergeben zu dürfen. Und das habe ich jetzt mit diesem Buch erreichen können. Die Möglichkeit, zu teilen, ist es, die mich immer wieder aufs Neue in die Küche zieht, um etwas zu backen. Und ich teile nicht nur das Gebackene gern, sondern auch das passende Rezept dazu.

https://www.facebook.com/lawobaking/

https://www.instagram.com/lawofbaking/

Wir bedanken uns bei der Firma RBV Birkmann (Halle, Westfalen) für die freundliche Unterstützung.

IMPRESSUM

REZEPTE UND FOTOS: Kevin Buch
PRODUKTMANAGEMENT: Angela Vornefeld, Anna Burger
LEKTORAT: Christine Schlitt
LAYOUT UND SATZ: Konstanze Laue
DRUCK: Finidr s.r.o., Tschechische Republik

1. Auflage 2016

ISBN 978-3-7724-8029-4 • Best.-Nr. 8029

Servicegarantie

Unser Service für Sie: Wenn Sie Fragen zu den Anleitungen in diesem Buch haben, schreiben Sie einfach eine E-Mail an: mail@kreativ-service.info. Wir helfen Ihnen gerne weiter.